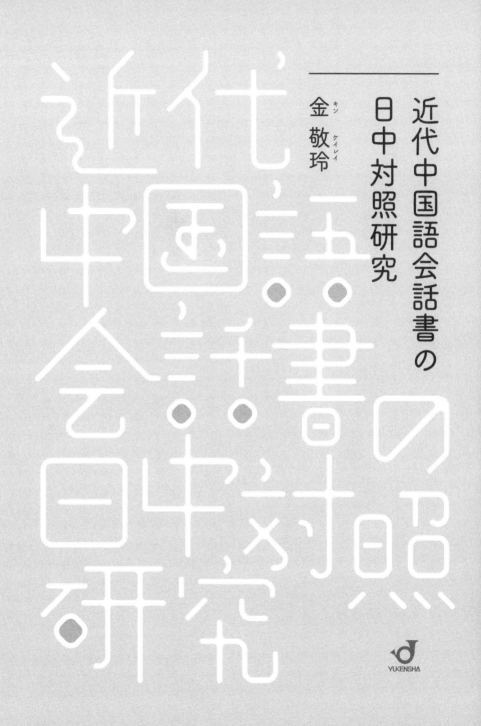

近代中国語会話書の
日中対照研究

金 敬玲
（キンケイレイ）

近代中国語会話書の日中対照研究

【目　次】

【目　次】
Contents

序　章　近代日本の中国語教育と中国語教育関連書籍 …………… *1*

1. 研究背景 ……………………………………………………………………… *1*
2. 研究対象と研究目的 ……………………………………………………… *3*
3. 先行研究 ……………………………………………………………………… *3*
    3.1　中国語を対象とした研究 ………………………………………… *4*
    3.2　日本語を対象とした研究 ………………………………………… *5*
4. 本研究の構成 ………………………………………………………………… *6*
5. 本研究における用語と表記 ……………………………………………… *7*
    5.1　本研究における用語 ……………………………………………… *7*
    5.2　本研究における表記 ……………………………………………… *7*

第一部

第1章　『清語会話案内』における能願動詞 ……………………… *11*

1. はじめに ……………………………………………………………………… *11*
2. 本章の調査対象 …………………………………………………………… *12*
3. 願望や意志を表すもの …………………………………………………… *13*
    3.1 能願動詞"要"に対応する日本語の表現形式 ………………… *13*
    3.2 能願動詞"敢"及びその否定である"不敢"に対応する日本語の表現形式 … *18*
    3.3 "不肯"に対応する日本語の表現形式 ………………………… *19*

4. 可能・可能性を表すもの……………………………………………………… 20

  4.1 能願動詞"会"及びその否定である"不会"に対応する日本語の表現形式… 20

  4.2 能願動詞"能"及びその否定である"不能"に対応する日本語の表現形式… 22

  4.3 能願動詞"可以"に対応する日本語の表現形式……………………………… 24

5. 必要性を表すもの…………………………………………………………… 25

  5.1 "该当""应该""应当""该"に対応する日本語の表現形式………………… 25

  5.2 　能願動詞"得"に対応する日本語の表現形式……………………………… 25

  5.3 　能願動詞"要"に対応する日本語の表現形式……………………………… 28

  5.4 　以上のような日本語の特定の表現形式との対応訳が見られなかった

   中国語表現…………………………………………………………………… 29

6. 禁止・阻止を表すもの……………………………………………………… 29

  6.1 能願動詞"別"に対応する日本語の表現形式 ……………………………… 29

  6.2 能願動詞"不要"に対応する日本語の表現形式 …………………………… 31

  6.3 能願動詞"不用"に対応する日本語の表現形式 …………………………… 31

  6.4 以上のような日本語の特定の表現形式との対応訳が見られなかった文 …… 32

7. おわりに……………………………………………………………………… 32

第2章　『清語会話案内』における兼語文……………………… 35

1. はじめに……………………………………………………………………… 35

2. 先行研究……………………………………………………………………… 36

  2.1 中国語の場合 ……………………………………………………………… 36

  2.2 日本語の場合 ……………………………………………………………… 37

3. 『清語会話案内』における「兼語文」……………………………………… 37

  3.1 使令意味類の兼語文………………………………………………………… 37

  3.2 　使令動詞 " 给 " における使令意味類の兼語文………………………… 39

  3.3 　使令動詞 " 叫 " における使令意味類の兼語文………………………… 40

3.4 使令動詞"请"における使令意味類の兼語文 ················· 44

3.5 使令動詞"托"における使令意味類の兼語文 ················· 45

3.6 その他のV1における使令意味類の兼語文 ················· 46

4. 使役表現と受身表現に訳された兼語文 ······················· 48

4.1 受身表現に訳した兼語文の主体と客体 ················· 48

4.2 使役表現に訳した兼語文の主体と客体 ················· 48

4.3 主体と客体のまとめ ······························· 48

5. おわりに ······································· 50

第3章 『清語会話案内』における"了" ················· 51

1. はじめに ······································· 51

2. 本章の調査対象 ····································· 52

3. 本章における"了" ···································· 53

4. 『清語会話案内』における"了"の出現頻度 ················· 53

5. 『清語』における動態助詞"了₁" ······················ 54

6. 『清語』における語気助詞"了₂" ······················ 60

6.1 文末の"了₂"と対応する日本語表現 ················· 61

6.2 分文末の"了₂"と対応する日本語表現 ················· 67

7. 『清語』における「A了₁B了₂」 ······················ 67

8. おわりに ······································· 73

第二部

第4章 明治期の中国語関係書における"会" ················· 77

1. はじめに ······································· 77

目　次　vii

2. "会"に関する先行研究 ……………………………………… *78*

3. 本章における調査資料 ……………………………………… *79*

4. 「文法書」における"会" ……………………………………… *80*

5. 「教科書」における"会" ……………………………………… *83*

6. 「会話書」における"会" ……………………………………… *87*

7. 「読本」における"会" ……………………………………… *90*

8. 明治期の中国語関係書における"会" ……………………… *91*

9. おわりに ……………………………………………………… *98*

第三部

第5章　近代中国語会話書における程度副詞の日中対照研究
―明治後期を中心に― ……………………………………… *101*

1. はじめに ……………………………………………………… *101*

2. 先行研究 ……………………………………………………… *101*

3. 本章における調査対象と方法 ……………………………… *102*

4. 『速成日清会話独修』における程度副詞 ………………… *104*

5. 『日清会話篇』における程度副詞 ………………………… *105*

6. 『実用日清会話独修』における程度副詞 ………………… *108*

7. 『日清会話独習』における程度副詞 ……………………… *109*

8. 『日清会話』における程度副詞 …………………………… *111*

9. 『日清会話語言類集』における程度副詞 ………………… *112*

10. 近代中国語会話書における程度副詞 ……………………… *114*

11. おわりに ……………………………………………………… *116*

第6章　近代中国語関係書とその和訳書における程度表現……… *119*

1. はじめに……………………………………………………………………………… *119*
2. 日本語訳文を掲げる中国語会話書における程度副詞の出現頻度……………… *119*
3. 中国語文法書における程度副詞………………………………………………… *120*
4. 本章における程度副詞…………………………………………………………… *122*
5. 中国語会話書とその和訳書における程度表現………………………………… *122*
   - 5.1 『官話指南』と『官話指南総訳』における程度表現…………………… *122*
   - 5.2 『官話急就篇』と『官話急就篇詳訳』における程度副詞……………… *128*
6. 中国語会話書と日本語会話教科書における程度表現………………………… *131*
   - 6.1 『新華言集：普通官話』における中国語の程度表現…………………… *131*
   - 6.2 『漢訳日本語会話教科書』における日本語の程度表現………………… *132*
7. おわりに…………………………………………………………………………… *134*

第四部

第7章　近代中国語会話書における主体移動表現の日中対照研究… *139*

1. はじめに…………………………………………………………………………… *139*
2. 先行研究…………………………………………………………………………… *140*
3. 調査資料…………………………………………………………………………… *141*
4. 移動に関わる各表現……………………………………………………………… *142*
5. 『華語跬歩』における移動表現………………………………………………… *142*
   - 5.1 移動動詞…………………………………………………………………… *142*
   - 5.2 動詞以外の経路表現……………………………………………………… *147*

目　次　　ix

6. 『華語跬歩総訳』における移動表現………………………………… *151*
　6.1　移動動詞………………………………………………………… *151*
　6.2　後置詞…………………………………………………………… *153*
7.　日中両言語の主体移動表現における移動動詞の使用頻度……………… *156*
8.　おわりに……………………………………………………………… *160*

第8章　近代中国語会話書における客体移動表現の日中対照研究… *163*

1.　はじめに……………………………………………………………… *163*
2.　本章の調査資料……………………………………………………… *164*
3.　客体移動事象の下位分類…………………………………………… *165*
4.　随伴運搬型の客体移動表現………………………………………… *167*
5.　継続操作型の客体移動表現………………………………………… *173*
6.　開始時起動型の客体移動表現……………………………………… *176*
7.　日中両言語の客体移動事象に関する表現………………………… *179*
8.　おわりに……………………………………………………………… *180*

終　章　近代中国語会話書の日中対照研究と今後の展望…………… *181*

1.　本研究のまとめ……………………………………………………… *181*
2.　今後の展望…………………………………………………………… *185*

調査資料 ………………………………………………………………… *187*

参考文献 ………………………………………………………………… *191*

本論文初出一覧 ………………………………………………………… *199*

謝辞 ……………………………………………………………………… *200*

序　章　近代日本の中国語教育と中国語教育関連書籍

1．研究背景

　日本における中国語教育の歴史は、江戸時代の長崎唐通事に始まり、明治の新政のもとに、新しい形の中国語教育が日本に生まれたという経緯があるので、現在の中国語教育に直接の繋がりを持つものは明治以降であるとされている（六角 1961）。

　しかしながら、当時の学校教育という制度の中での中国語は文化性が認められず、実用語としての地位にのみ活路が与えられていたという（六角 1961）。こうした背景の中で、日本の中国語は民間の人々によりとりあげられ、学問と関連のない場で迎えられた。当時の中国語は語学的な基礎を持たず、ただ実用的な面にのみ使用されるようになっていたといわれている（六角 1961）。

　明治前期に欧米の力に対抗するため、中国との和親提携が必要であると考えた広部精 (1855 − 1909) は民間の中国語学校である「日清社」(1875・明治 8 年) を創設し、中国語の教育を始めた。

　明治 20 年代になると、日本の産業資本は国外に市場を求めるようになり、中国貿易への需要から「日清貿易研究所」(1890・明治 23 年) が設立された。井上（1910）によると「日清貿易研究所」は元陸軍中尉である荒尾精 (1859 − 1896) が「清国内地の情形を審にして、益々東洋局面の危急を憂ひ、焦心苦慮、之れが救済の策を講ぜんとし、遂に日清貿易に従事すべき、適当の人材を養成するの必要を感ぜり」設立を決心した

という。この時期では、10 年間で約 40 点の中国語テキストが出版され、軍用語など戦争用語の要素が数多く取り入れられている。

　明治 30 年代に入ると日本は敵に対する態度で中国侵略を開始した。安藤（1957）によれば明治 31 年（1898 年）[1] を境にして、中国語は商務と戦争語との二面を背負うようになる。この時期の民間の中国語教育の代表的な教育機関としては、「東亜同文書院」（1901・明治 34 年）が挙げられるが、「日清貿易研究所」がその前身であるとされている（木村 2021）。東亜同文書院は 1900 年に設立された南京同文書院に始まり、のち上海に移転し、1945 年まで中国関係の各分野で活躍する人材を送り出し続け、戦後は愛知大学として継続している（古市 2014）。同時期に宮島大八（1867 － 1943）により「詠帰舎」を前身とする「善隣書院」（1898・明治 31 年）が設立され、のち『官話急就篇』（1904・明治 37 年）と『急就篇』（1933・昭和 8 年）が出版されるが、安藤（1957）によると、『急就篇』は中国語教科書の王座をしめ、140 版に近い版を重ねたという。昭和年代の中国語教育は私立大学だけではなく、中等学校にも進出していて、盛況と言えるが、明治時代と同じテキストが使用されて、六角（1961）はこれについて、実用語とはいうものの、こういう実用語のなかからは語学としての体系は生まれておらず、学習者のほとんどは何が正しいのかということより、習った中国語が、自分の生活にすぐ役立てばよかったと述べている。

　六角（1961）はさらに、明治期から 1945 年までの中国語テキストの大部分は、すべて同様な内容を持ち、発音の説明から内容の配列まで、まったく相似したもので、著者それぞれの独創もなければ、新規の工夫もなく、そうしたものが数かぎりなく出版されていると述べている。

　日本で初めて北京官話が教授されたのは明治 9（1876）年であり、当時は Thomas Wade（トーマス・ウェード 1818 － 1895）の『語言自邇集』（1867・慶応 3 年）が使用されており、広部精がこの『語言自邇集』を底

---

[1] 原文は「明治 31 年（1900）」と記述しているが、筆者により改める。

本として『亜細亜言語集』[2]を編集したという（六角 1989）。

六角（1961）は明治年代（大正元年含む）に日本で発刊された中国語テキスト類を列挙しているが、その数は243点に達している。それらのテキストは中国語文のみのものもあれば、日本語訳文を掲げるものもあり、また、中国語文のみのものの和訳版もある。著者のほとんどは日本人であるが、当時日本で中国語講師を務める中国人により編纂されたものもある。

2．研究対象と研究目的

本研究は、「実用語としての地位にのみ活路が与えられていた（六角1961）」背景の中で、日本で初めて北京官話を教授した明治9（1876）年から大正初期にかけて、日本で出版された中国語関係書を調査資料に、当時の中国語とその日本語訳から、主に会話文を研究対象とし、口語における日中対照研究を行う。

まずは、1点の会話書を調査資料に、中国語の文法項目である「能願動詞」「兼語文」、及び助詞"了"がそれぞれどのような日本語に対応しているのか明らかにする。それから、日中両言語にともに存在する文法項目で特に口語でよく使用される程度副詞及び、すべての言語に欠かせない移動表現の対照研究を行い、さらに、当時の中国語表現と現在の中国語表現、当時の日本語表現と現在の日本語表現の相違について考察する。

3．先行研究

近代中国語関係書について、当時の社会的状況を明らかにする資料としてとりあげた研究、言語史研究の資料として用いられた研究、漢語語彙史研究の資料としてとりあげた研究がみられる。また、中国語関係書の中国

---

[2] 『亜細亜言語集』の第1巻は明治12年（1879年）に刊行され、第7巻は明治13年（1880年）に刊行されている。

4

語教材としての構成や特定の関係書の初版と再版の違いを考察している研究も少なくない。近年は語レベルの研究で、音韻の研究、品詞の研究、語彙の研究も盛んに行われている。

3.1 中国語を対象とした研究

鱒澤（2018）は、明治以降の中国語教育を北京官話教育時期、国語教育時期、普通語教育時期の3つの時期に新しく区分し、北京官話教育時期の中国語教育については、北京官話教育の開始を示す東洋文庫所蔵『語言自迩集 散語問答 明治10（1877）年3月川崎近義氏鈔本』[3] の発掘を中心に論考を進めており、『燕京婦語』の発掘により、北京官話教育時期の刊本には残されなかった、清末の満州貴族の北京語の実態を明らかにするとともに、明治末期の女性の中国語教育について論じている。また、『華語跬歩』の著者である御幡雅文の生涯について紹介している。

古市（2014）は、宮島大八の中国語教育を中心に近代日本における中国語教育について総合的に研究しており、宮島大八により編纂された『官話急就篇』『急就篇』『官話篇』『官話輯要』『支那語独習書』『支那語会話篇』の他、同時代に出版された『語言自邇集』『日漢英語言合璧』『生財大道』『談論新編』『官話指南』についても言及している。

孫（2020）は『官話指南』3種、『官話指南』の学習補助教科書3種、『官話指南』編纂者が編纂した『官話指南』以外の北京官話教科書3種、計9種を研究資料に明治初期の北京官話教育史における位置づけを解明するために、語学研究、編纂研究、編纂者研究の3分野から考察している。

盧（2019）は明治大正期の中国語の文法書を調査資料に中国語の量詞、動詞、副詞、助詞、介詞、語気詞について、その術語の確定や各文法項目の下位分類について論じ、当時の中国語の口語文法の研究がどのようにして行われ、またそれがその後の日本、中国、さらに世界における中国語文

---

[3] 表記は鱒澤（2018）原文のまま。

法研究にどのような影響をもたらしたのかについて述べている。

張（2014）はカナで中国語の発音を表記している中国語関係書の中で、『大清文典』と『日清字音鑑』に注目し、『大清文典』における声母と韻母について考察し、『日清字音鑑』における ng 韻尾の表記方法について検討している。

その他、北京官話全編の研究（内田 2017）、官話指南の書誌的研究（内田・氷野 2016）、語言自邇集の研究（内田・氷野・宋 2015）や『華語跬歩』の版本についての研究（石田 2013）など、明治から大正にかけて出版された中国関係書に対する中国語及び中国語教材としての研究は盛んに行われている。

3.2　日本語を対象とした研究

第一節で述べているように、近代中国語関係書は日本語訳文を掲げるものもあるが、その日本語訳文を近代日本語研究の資料としてとりあげた研究は近年盛んに行われている。

園田（2021）は、『語言自邇集』訳述書 9 点を対象に助動詞「です」の用法や、「に」と「へ」の使い分けについて検討し、『官話指南総訳』を主な対象にワア行五段動詞連用形の音便の問題や質問文の諸相、公的交渉場面における文語使用の問題等について論じている。その他、人称代名詞の直訳度、当為表現の時期的変化等について論じている。

常（2022）は宮島大八著『官話急就篇』の訳本である、杉本吉五郎訳『官話急就篇総訳』、大橋末彦訳『官話急就篇詳訳』、打田重次郎訳『急就篇を基礎とせる支那語独習』の日本語訳文を資料に日本語の可能表現について分析している。

その他、『台湾会話書』の日本語訳を対象とした研究（諸星 2009）や宮島大八『官話急就篇』と『急就篇』の日本語訳を比較している研究（坂垣 2015）など中国語関係書の日本語訳文を近代日本語の資料としてとりあげた研究が多々見られる。

これらの研究の中で、園田（2021）で『総訳亜細亜言語集』を資料とした人称代名詞についての直訳度に関する分析は中国語と日本語とを対照した研究であるが、その他の考察項目は日本語訳文のみを対象としている。また、常（2022）の可能表現に関する下位分類は中国語の可能表現の分類を軸としているが、日中対照分析は行っていない。

このように、中国語関係書を近代中国語教材として扱う中国語研究やその日本語訳文を近代日本語資料として扱う日本語の研究は盛んに行われているが、中国語とその日本語訳文を対照研究の資料としてとりあげた研究は管見の限り少ない。

4．本研究の構成

本研究は序章、終章以外、本論を４つの部に分けて研究を進める。

序章では、本研究の研究背景・研究目的・先行研究について述べる。

第一部では、近代中国語会話書『清語会話案内』の上巻と下巻を調査資料に、第１章では中国語の「能願動詞」を、第２章では中国語の「兼語文」を、第３章では中国語の助詞“了”を分析対象にそれぞれの中国語文法項目がどのような日本語に対応しているのか明らかにする。

第二部では、第４章の一章からなり、第一部の第１章で残された課題の「可能性」を意味する中国語の“会”の出現状況や用例用法を明らかにするために61点の中国語関係書を調査資料に考察を行う。

第三部では、口語でよく使用される程度副詞に関して、第５章では中国語原文と日本語訳文と両方掲げる会話書６点を調査資料に、第６章では中国語文のみのもの２点とその和訳版２点を調査資料に分析を行い、さらに、和訳版がない中国語文のみの関係書１点と同時期の中国人留学生向けの日本語学習書を比較対象としてとりあげる。

第四部では、移動表現に関する表現をとりあげ、第７章では主体移動表

現を、第8章では客体移動表現を研究対象として、日清貿易研究所や東亜同文書院で教科書として用いられたとされる『華語跬歩』とその和訳版を調査資料に、「問答」という場面の会話文を分析対象として同じ場面における日中両言語の移動に関する表現や表現パターンの観点から対照分析する。

　終章では、本研究のまとめと残された課題や今後の展望について述べる。

5. 本研究における用語と表記

5.1　本研究における用語

　六角（1961）で「テキスト類」として採録している近代の中国語教育関連書籍にあたるものと、採録されていないが当時の日本で出版されたとされる中国語教育関連書籍にあたるものを本研究では「中国語関係書」と称する。また、第4章を除き、本研究では主に「実用語」としての会話場面における中国語とその日本語訳を対照研究の分析対象とするため、会話文がメインである「会話書」を主な調査資料としてとりあげる。等しく「会話書」と言っても、その中には『官話指南』のように内容がすべて「問答」の会話文からなるものもあれば、『華語跬歩』や『清語会話案内』のように「問答」の会話文の他、発音部分、単語部分や短文（語句）部分のような内容が含まれているものもある。本研究は中国語関係書における会話部分を主な調査資料とするため、会話以外の内容が含まれる『華語跬歩』や『清語会話案内』のような関係書も「会話書」と称する。

5.2　本研究における表記

　本研究の調査対象となる中国語関係書の書名の表記に関しては、「国立国会図書館デジタルコレクション」の「書誌情報」における表記に従うこととする。

　また、原文の表現で使用される繁体字と旧字体を、本研究で例文として

とりあげる際、筆者により簡体字と新字体に改める。

　記号の表記に関しては、中国語の形態素は“　”で示し、日本語の形態素は「　」で示すこととする。また、調査資料にあたる中国語関係書は『　』で示す。参考資料としての中国語書籍は《　》で示し、日本語書籍は『　』で示す。

第一部

　第一部では、訳文である日本語との照応で、中国語における各文法項目がどのような日本語と対応するのかを明らかにすることで、中国語に関する認識を深めることを目的とする。

　この部では中国語会話書『清語会話案内』を調査資料とする。

　西島良爾が1900年に出版した『清語会話案内』は、北京官話教育の早期において、内容上も形式上も珍しく整えられた教科書であると言われている（王2016）。また、『清語会話案内』の内容は後の教科書に継承された部分が多く、当時の北京語の実態をかなり忠実に反映しているため、相当の言語的価値を持っている（王2016）とされる。

　『清語会話案内』は1900年7月に上巻が、11月に下巻が刊行された。上巻は「単語」「散語」「抄話」、下巻は「単語」「續散語」「問答」「抄話」と付録「検字」により構成されている。上巻の「散語」と「抄話」、下巻の「續散語」と「問答」が日中対照研究の対象としてふさわしく、本研究ではその中から対象とする文法項目を抽出し日中対照研究を試みる。

　『清語会話案内』の上巻と下巻は共に国立国会図書館のデジタルコレクションで閲覧可能であり、調査にあたってはこれを使用した。

　第一部では、第1章で『清語会話案内』における能願動詞及びこれに準じる表現を、第2章で『清語会話案内』における兼語文を、第3章で『清語会話案内』における助詞"了"を扱い、分析する。

第1章 『清語会話案内』における能願動詞

1. はじめに

　中国語における能願動詞とは助動詞の1つの分類で、可能、願望、必要など表せる意味も多く、各意味を表す表現の種類も多く、日本語にはない概念である。

　川口（1980）[1] では中国語の能願動詞を以下のように5種類に分類し、説明している。

（1）願望や意志を表すもの

　　個人が、ある動作、行為を「したい」あるいは「しようとする」意志、願望、決心を表す。「想」「要」「願意」「敢」「肯」が主な例である。

（2）可能性を表すもの

　　主動詞あるいは形容詞の表す動作、行為の可能性を補助する。「能」「能够」「会」「可以」「可能」が主な例である。

（3）必然性を表すもの

　　ある動作が、道理上「～すべきだ」「～するのが当然だ」の意の如く、ある事柄を推論したり、推測することによって行われる当然性を表す。「応該」「該」「応当」が主な例である。

（4）必要性を表すもの

---

[1] 川口（1980）の原文表記を引用しているため、本研究における記号表記に従わない。

ある動作の事実上、環境上における必要性、あるいは意志や要求に基づく必要性を表し、「〜しなければならない」という比較的強い義務的意義が含まれる。「須要」「要」「必須」「得」が主な例である。

(5) 禁止・阻止を表すもの

主動者の意志に基づいたり、あるいはある動作、行為が不必要であったりしてはならないという禁止や阻止の意味。「不要」「不用」「不必」が主な例である。

このような川口 (1980) の分類方法について、(2) の「可能性を表すもの」の主な例である"会"は「能力」の意のほか「可能性」を表わせること、"能"には「可能性」の用法はないが、「能力」と「可能」を表わせることから本章ではこれらの分類を「可能・可能性を表すもの」とする。

また、(3) の「必然性」と (4) の「必要性」について、本章で対象とした『清語会話案内』においては日本語訳文に重なる部分が多く、現代中国語文法ではこの2つの分類と (5) の「禁止・阻止を表すもの」を合わせ、「必要性を表すもの」の1つの分類にする研究も少なくないが、本章では(5)は除き、(3) と (4) を「必要性を表すもの」とする。

よって、本章においては能願動詞をⅠ願望や意志を表すもの、Ⅱ可能・可能性を表すもの、Ⅲ必要性を表すもの、Ⅳ禁止・阻止を表すものの4種類に分類し、中国語をもととし、その日本語訳を示しつつ、中国語の能願動詞が日本語でどう訳されるかについて分析する。

2. 本章の調査対象

本章では、中国語会話書である『清語会話案内』の上巻の「散語」と「抄話」、下巻の「續散語」と「問答」における能願動詞及びこれに準じる表現を対象に、中国語の能願動詞に対応する日本語の表現形式について、以下、3節で「願望や意志を表すもの」を、4節で「可能・可能性を表すもの」を、

第1章　『清語会話案内』における能願動詞　　13

5節で「必要性を表すもの」を、6節で「禁止・阻止を表すもの」を扱い、分析する。

3. 願望や意志を表すもの

　中国語の能願動詞における願望を表す表現を「願望・意志・意欲」と解釈するのが普通である。中国語における意志表現と願望表現とは区分されず「意願表現」という範疇に統一されている（孫2014）。しかし、日本語においては、願望を表す「シタイ」を意志を表す意志表現「シヨウ」「スル」「スルツモリダ」と区別し分析する先行研究が多く見られる（仁田1991、森山1990）。これについて、孫（2014）では、「意志」と「願望」とは切っても切れない関連性があり、一緒に並べて研究する必要があると主張し、特に日中対照研究ということを考慮すると「シタイ」を外すことができないと述べている。本章においても、本来の願望表現と意志表現を区別せず、願望や意志を表す表現とし、対照研究を行う。

　『清語』[2] で見られる願望や意志を表す能願動詞は50例で、“要”を用いた例文が最も多い。“要”のほか“肯”，“敢”とそれらの否定表現が見られる。願望や意志を表す能願動詞を次ページ【表1】に示す。

3.1　能願動詞“要”に対応する日本語の表現形式

　願望や意志を表す能願動詞は“要”が一番多く見られ、「タイ」と第三人称の「タガル」に訳した例文が16例である。そのほとんどが「シタイ」動作の動詞に付くものだが、以下の3例のように2つの動作が連続する場合、中国語においては能願標識を前の動詞に付け、日本語訳では後の動詞に「タイ」をつける例文も見られる。

　なお、例文2）のように能願標識の“想”と“要”が一緒に使われ意志

---

[2] 『清語会話案内』を表す、以下同様。

14

【表1】『清語会話案内』における願望や意志を表す能願動詞

能願動詞	対応する日本語の表現形式（例文数）	中国語の文例	日本語の訳文
要	タイ / タガル（16）	要买	買イタイ
		要哭	泣キタガル
		要吃	食べタイ
		要下棋	囲碁ヲシタイ
		要雇	頼ミタイ
		要手工加密	丁寧ニシタイ
		要买	買ヒタイ
		要商量	相談シタイ
		要会面	面會シタイ
		要做	作リタイ
		要到尊府上望看	御尋シタイ
		想要得那个钱	其金ヲ得タイ
		要欺负	欺キタガル
		要报仇	報シタガル
		要托一件事	頼ミタイ
		要上西山	西山ヘ行キタイ
	意向形「ウト / ート」（6）	要捆	シバロウト
		要带封信	手紙ヲ送ロート
		要改	改メヨウト
		要浮过去	渡ロート
		要撑	断ロウト
		要做那个菜	アノ菜ヲ作ロート
	ツモリダ（2）	要起身	出發致スツモリデス
		要瞻仰瞻仰	探ル積リデス

	カラ（4）	要躺着	寝ルカラ
		要出去	出テ行クカラ
		要画画儿	畫ヲ書クダカラ
		要看书	本ヲ見ルカラ
	動詞無標形式（12）	要出城	行キマス
		要募化重修	募テ修覆スル
		要看新月	新月ヲ見ル
		要決裂	分裂スル
		要卖	売ル
		要卖	売家ガアル
		要卖多少银子	売価何程ダカ
		要典	質ニ取テ置ク
		要卖	売ルト云フ
		要卖	売ルト云フ
		不是要卖	売リマセン
		要典	質ニ置ク
敢	動詞無標形式（1）	敢強嘴	ゴウヂヨウダ
不（没）敢	動詞無標形式の否定表現（7）	不敢说撒谎	詐ヲ申シマセン
		不敢错的	間違ハ致シマセン
		不敢动价儿	値段ハ引ケマセン
		没敢告诉	話サナイデシタ
		不敢多喝了	飲マナカッタ
		不敢求您救剂	救助ハ願ヒマセン
		不敢卖	売レマセン
不肯	動詞無標形式の否定表現（2）	不肯传授	教エヌ
		不肯留	泊テ呉レマセン

16

を強めた例も見られる。

1）这块地的方向倒还合我的式这块地主儿是谁我要找他商量商量卖不卖
（此地面ノ方角ハ私ノ気ニ入タ此地主ハ誰レデスカ私ハ彼ヲ尋ネテ此
地面ヲ売ルカ売ラヌカ相談シ<u>タイ</u>）上百六[3]

2）<u>想要</u>害那个朋友。得那个钱。（其人ヲ殺シテ其金ヲ得<u>タイ</u>）上
百四十一

3）我<u>要</u>找他托一件事去。（私ハ彼ヲ尋テ一件ノ事ヲ頼ミ<u>タイ</u>ト思フガ）
上四十三

"要"を意向形に訳した例文6例で「思フ」と共起するのが4例見られる。
「シヨウト思フ」が「シヨウ」の丁寧表現（孫2014）であるためであろう。

4）我<u>要</u>拿绳子捆上他你帮着绕结实这绳子（私ハ縄デ彼ヲシバロ<u>ウト</u>思
フ汝助ケテ此縄ヲシッカリ引ケ）上百七

5）<u>要</u>带封信去也没便人。（手紙ヲ送ロ<u>ート</u>思フテモ人ガナカッタ）下
三十七[4]

6）我就<u>要</u>浮过去。（泳テ渡ロ<u>ート</u>思フタガ）下四十三

7）你<u>要</u>做那个菜。等水开了。（汝アノ菜ヲ作ロ<u>ート</u>思フナラ水ガ沸騰ス
ルヲ待テ）下五十八

森山（1990）では「スルツモリダ」について「つもり」という語彙的
な意味の通り、「話し手の心内に予定として取り込まれて記憶されている
もの」と解釈している。原文においても、「つもり」を意味する"打算"
との共起が見られる。

---

[3]「上百六」は上巻の百六ページを表す。
[4]「下三十七」は下巻の三十七ページを表す。

8) 我打算明天蒙蒙亮儿就要起身哪（私ハ明早朝クライウチニ出發致ス
ツモリデス）上百二十一

9) 没什么事也不过打算在京里住了两三年学点儿京话要瞻仰瞻仰贵国各
処的名胜古迹就是了（何モアリマセン北京ニ二三年住デ言葉ヲ学ビ其
上各地ノ名勝古跡ヲ探ル積リデス）下百五

「カラ」に訳したように見える例文が4例あるが、川口（1980）の解釈
のように「しようとする」意志、願望、決心を表す表現であるため、これ
から何かをする「から」、それに備えた動作の指示文に使われたと考えられ
る。「寝ル」から「布テ呉レ」（例文10）、「出テ行ク」から「私ノ歸ルヲ待テ」（例
文11）、「書ク」から「鉛筆ト絵具トヲ持テ来イ」（例文12）、「見ル」から「燈
ヲ持テ来イ」（例文13）のように「カラ」の前の動作に備えるために話し
手が出す指示であるため、文脈上やむを得ず「カラ」に訳したと考えられる。

10) 给我把铺盖铺上我要躺着（私ニ夜具ヲ布テ呉レ私ハ寝ルカラ）上百

11) 我有件事要出去你好好儿在这儿等我回来（私ハ用事ガ有テ出テ行ク
カラ汝ハ此處で私ノ歸ルヲ待テ）上百二

12) 在书架子上的铅笔颜料都拿来我要画画儿（書棚ノ上ノ鉛筆ト絵具ト
ヲ持テ来イ私ハ畫ヲ書クダカラ）上百六

13) 拿一盏灯来我要看书（一皿ノ燈ヲ持テ来イ本ヲ見ルカラ）上
百三十六

"要"が動詞無標形式に訳した例文は12例見られる。安達（2002）では、
動詞無標形式は本来意志を表す形式ではなく、話し手の未実現の意志的行
為に言及する場合に意志の側面が前面に出ることがあると述べている。
また、"要"に関して、近代中国語文法書『注釈日清語学金針』[5]（1905）

---

[5] 馬紹蘭・杉房之助・謝介石（1905）『注釈日清語学金針』 日清語学会

でも以下のように解釈している。

要…………「・・・マス」

要は、助辞としては、未来決定の意を表する語にして、文語の「……せんとす」若しくは「……せんと欲す」の意に當る、*(後略)*

七十

14）我要出城听戏去（私ハ城外ヘ芝居ヲ見ニ行キ<u>マス</u>）上七十九

15）那两国说合不开。要决裂。（アノ二国ガ和議ガ破レテ分裂<u>スルソウデス</u>）下五十九

　上記２例のように、動詞無標形式に訳した例文を見ると、中国語表現は「これから芝居を見に行く（例文14）」「これから分裂する（例文15）」で、日本語においては「話し手の未実現の意志的行為」として、動詞無標形式に訳したと考えられる。

3.2 能願動詞"敢"及びその否定である"不敢"に対応する日本語の表現形式

　『清語』では能願動詞"敢"の肯定表現が１例、否定表現"不敢"が５例と否定表現の過去形"没敢"が１例見られる。

　"敢"に関して、『日清語学金針』では以下のように解釈している。

敢………「ヨウ・・・マス」

不敢……「ヨウ・・・マセン」

敢は、敢てするの意、即ち押し切つて能く為すの意なり、不敢は、敢の反の意に當る。

百

　『清語』における"敢"は動詞無標形式に訳した例文はあるが、訳文に

共起する「ヨウ」は見られていない。

16) 你敢强嘴我打你（汝ゴウヂヨウダト打ツゾ）上九十一

17) 我不敢说撒谎（私ハ決シテ詐ヲ申シマセン）上七十九

18) 放心放心小店的字号要紧决不敢错的（御安心ナサイ我共ノ屋号ガ大
事デスカラ決シテ間違ハ致シマセン）上九十一

19) 一对至一百对都不敢动价儿（一對ガ百對デモ値段ハ引ケマセン）
上九十八

20) 现在我已经有钱不敢求您救剂。（只今ハ財産モ出来タカラ最早救助
ハ願ヒマセン）上百六十

21) 少了八十两银子不敢卖（八十両ヨリ少クテハ売レマセン）下七十七

また、以下の例文22) を見ると、中国語例文は「あまり飲まなかった」
ではなく、「もうこれ以上飲みません」の意を表し、日本語訳文は誤訳で
はあるが、当時過去形「ナカツタ」が使用されていることは分かる。しか
し、例文23) で"不敢"の過去形に当たる"没敢"は「ナイデシタ」と
不自然な過去形式に訳している。

22) 不敢多喝了。（餘リ飲マナカツタ）上百四十六

23) 我见老爷手底下有事所以没敢告诉您说（私ハ旦那ノ手元ニ用事ガア
ル様子デスカラ汝ニ話サナイデシタ）上百三十一

3.3 "不肯"に対応する日本語の表現形式

能願動詞"肯"は見られなく、否定表現"不肯"の例文が2例見られ、
ともに動詞無標形式訳文である。

24) 不肯传授外人的（外国人ニ教エヌ）上七十八

25) 因为我们没带着行李他们不肯留我们住（私共ガ荷物ガナイカラ彼等
ガ泊テ呉レマセン）上百三十一

4.　可能・可能性を表すもの

　日本語の「可能」の主な表現形式としては、ⅰ「食べる→食べられる」「書く→書ける」のような「（ラ）レル」や可能動詞と、ⅱ「吸う→吸うことができる」のような「（コトガ）デキル」とがある。このほか、ⅲ「起こる→起こりうる / 起こりえない」のような「ウル / エル」もあるが、ⅲは主としては「可能性」の表現形式である。『清語』における可能・可能性を表す能願動詞の日本語訳文はⅰの「（ラ）レル / 可能動詞」とⅱの「デキル」が見られる。

　『清語』では、能願動詞"会","能"とこれらの否定表現と"可以"が見られ、これらを以下の【表2】に示す。

4.1　能願動詞"会"及びその否定である"不会"に対応する日本語の表現形式

　【表2】のように、"会"に対応する日本語表現は「デキル」と「（ラ）

【表2】『清語会話案内』における可能・可能性を表す能願動詞

能願動詞	「対応する日本語の表現形式（例文数）」	中国語の文例	日本語の訳文
会	デキル（5）	会针线	針仕事ガ出来マス
		会说英国话	英語ガ出来マス
		会说法国话	佛蘭西語ハ出来マス
		会做活	仕事ガ出来ル
		会缝纽襻儿	ヒモヲ縫フコトガ出来マス
不会	デキナイ / ヌ（3）	越急越不会	セケバセクホド出来ナイ
		还不会	マダ出来マセン
		什么都还不会	何ニモ出来マセン

	（ラ）レナイ/可能動詞の否定表現（2）	不会喝	飲メマセン
		会梳不会	結ベナイカ
	-i 方ヲ知ラナイ（2）	北边人不会	北方ノ人ハ造リ方ヲ知ラナイ
		不会说话	話シ方ヲ知ラナイ
不能	デキナイ/ヌ（4）	不能贱卖	安売ハ出来ナイ
		不能买卖	賣買ハ出来ヌ
		花就不能看	花見ガ出来ナイ
		不能花言巧语	言葉ヲ飾ルコトガ出来ナイ
	ナラヌ（1）	天不能从人愿	思フ様ニナラヌ
	（ラ）レナイ/可能動詞の否定表現（3）	不能出去	出ラレナイ
		不能那么连贯	連続シテ言ヘマセン
		不能忍了	耐ヘ切レナイ
	能願動詞との対応訳が見られなかった文（4）	不能让点儿么	少シマケナイカ
		不能治了	全治シナイ
		不能治了	治ラナイ
		还是不能行善事	又善イコトモ行ハナイ
能	能願動詞との対応訳が見られなかった文（1）	能出来了	出テ来タ
可以	（ラ）レル/可能動詞（2）	可以吃	食ベラレル
		可以做点心	菓子ヲ造ラレル
	ヨウ/マシヨウ（3）	可以多咱起身呢	何日出発致シマシヨウカ
		可以给您铰点儿胡子么	汝ノ髭ヲ剪テアゲマシヨウ
		可以给	呉レヨウ
	命令表現（1）	可以拿过两张去	二ツ丈持テ行ケ
	能願動詞との対応訳が見られなかった文（1）	又可以说四面风	四面風トモ云フ

レル／可能動詞」が見られる。

　現代中国語における“会”は「能力」のほか例文aのように「可能性」の意をも表す。しかし、『清語』には“会”の可能性の例文は出ていない。このため『清語』の“会”の日本語訳は、「デキル」「（ラ）レル／可能動詞」のみとなっている。

　a）跑太快会摔倒。（早く走ると転んでしまう。）

　否定表現“不会”もそれぞれ「デキル」と「（ラ）レル／可能動詞」の否定表現に訳しており、「可能性」の意を表すものはない。
　そのほか、“不会”を「-i方ヲ知ラナイ」に訳した例文が2例見られる。

26）绸缎是先染系后上机。北边人不会。（縮緬ヤ緞子ハ先ニ糸ヲ染メテ後ニ機ニ上セル北方ノ人ハ造リ方ヲ知ラナイ）下四十八
27）恕我是拙嘴笨腮的。不会说话。（私ノ口ノ下手デ話シ方ヲ知ラナイコトヲ恕シテ呉レロト）下四十九

「造リ方ヲ知ラナイ」「話シ方ヲ知ラナイ」——即ち2例とも方法を知らない「能力」に関する表現で「可能性」の例文ではない。

4.2 能願動詞“能”及びその否定である“不能”に対応する日本語の表現形式

　能願動詞“能”について、否定表現“不能”と日本語表現の「デキル」「（ラ）レル／可能動詞」の否定表現との対応が見られる。現代中国語における“能”には「可能性」の用法はないが、「能力」と「可能」の用法がある。この両者は、しばしば「能力可能」と「状況可能」と呼ばれる。

28）明天要是下雨。花就不能看了。（明日雨ガ降レバ花見ガ出来ナイ）

第 1 章 『清語会話案内』における能願動詞　23

上百五十八

29）我<u>不能</u>像人家那么花言巧语的。（私ハ人ノ如ク言葉ヲ飾ルコトガ<u>出来ナイ</u>）下四十九

　例文 28）は状況的に不可能な状況で「状況（不）可能」の意を表し、例文 29）は他人のようにうまい言葉が言えない「能力（不）可能」の意を表している。

　また、中国語表現 " 不能 " と日本語訳「ナラヌ」（自動詞「なる」の否定形）との対応が 1 例見られる。

30）天<u>不能</u>从人愿。世上的事。常常这么样啊。（世ノ中ノ事ハ思フ様ニ<u>ナラヌ</u>モノダ）上 百五十三

　" 不能 " と「デキル」「（ラ）レル / 可能動詞」の否定表現との対応のほか、日本語訳文に能願動詞との対応訳が見られなかった文が " 能 " に 1 例、" 不能 " に 5 例見られる。

31）一个一个的。才<u>能</u>出来了。（漸ク一人宛出テ来タ）上百四十三
32）买的多<u>不能</u>让点儿么（買ヒ方が多イカラ少シマケナイカ）上八十八
33）肺已经坏了<u>不能</u>治了（肺ガ破レテ全治シナイ）上百三十八
34）肺已经坏了。<u>不能</u>治了。（肺ハ已ニ壊レタカラ治ラナイ）上百五十五
35）还是<u>不能</u>行善事。（又善イコトモ行ハナイ）下四十八

　例文 31）は「出てくることができる」の意だが、日本語訳文では「出テ来タ」と " 能 " に対応していると見られる表現はない。また、例文 32）〜例文 35）の日本語訳文を見ると " 不能 " の " 不 " に対応できる否定の

24

日本語表現は見られるが、それが"不能"に対応するとは言い難い。

4.3 能願動詞"可以"に対応する日本語の表現形式

"可以"の意味について、呂（2003）では「可能」「用途」「許可」「価値」の4つの意味を有すると述べている。呉（2015）では、中国語における"可以"は「能力」「許可」「勧め」の意味を表す複数の日本語に対応していると述べている。用途（例文36）と可能（例文37）の例文が以下のように見られ、「（ラ）レル／可能動詞」と対応している。

36）糯米做酒又可以做点心（餅米ハ酒又ハ菓子ヲ造ラレル）上八十八

37）藕粉是雪白很细病人都可以吃（葛ハ白クマコトニ細イカラ病人モスベテ食ベラレル）上百三十八

また、"可以"が「勧め」の意で使用され日本語表現の「ヨウ」「マシヨウ」と対応する例文が以下のように3例見られる。

38）我可以给您铰点儿胡子么（私ハ汝ノ髭ヲ剪テアゲマシヨウ）上九十二

39）我都可以给。（何品デモ望ナラ呉レヨウ）上百六十一

40）那么咱们可以多咱起身呢（然バオ互何日出発致シマシヨウカ）下百六

命令表現に訳した例文が1例出ている。

41）我这屋里椅子多可以拿过两张去（私ノ此ノ部屋ニハ椅子ガ多イカラ二ツ丈持テ行ケ）上百二十八

能願動詞との対応訳が見られなかった文が1例見られる。

第1章　『清語会話案内』における能願動詞　　25

42）羊角风就是台风。又<u>可以</u>说四面风。（羊角風ハ即チ旋風ノコトデス
　　又四面風トモ云フ）下四十九

　例文42）で「トモ云フ」ではなく「トモ云ヘル」に訳したほうが「可以」
と対応していると言える。

5. 必要性を表すもの

　『清語』で必要性を表すものは "該当"、"応該"、"応当"、"該"、"得"、
"要" が見られ、それを次ページ【表3】に示す。

5.1 "該当""応該""応当""該" に対応する日本語の表現形式
　能願動詞 "該当"、"応該"、"応当"、"該"、は「ベキ」に訳すほう
が最も適切だが、『清語』では「ベキ」のほか「ナケレバナラナイ」と命
令表現の「ナサイ」との対応が見られる。

43）人要祭祀神佛的时候头一天<u>应当</u>斋戒沐浴为的是干净（人ガ神佛ノ祭
　　ヲスル時ニハ最初ニ斎戒沐浴シ<u>ナケレバナラナイ</u>身ヲ清メル為ニ）上
　　百十三
44）昨儿个我是<u>该当</u>去的。只是听见坐中有他。所以我避讳他。不去了。
　　请您千万别见怪。（昨日私ハ往カ<u>ナケレバナラナイ</u>ノデシタガ坐中ニ
　　彼ガ居ルコトヲ聞タカラ往キマセンデシタ決シデ怪デクダサルナ）下
　　二十九
45）你也<u>该</u>起来了天不早了（汝起キ<u>ナサイ</u>空模様が遅イ）上百三

5.2 能願動詞 "得" に対応する日本語の表現形式
　"得" とは「何かを必ずする必要がある」比較的強い義務を表す能願動
詞で、『清語』では "得" と「ナケレバナラナイ類」「命令表現」「是非」

【表3】『清語会話案内』における必要性を表す能願動詞

能願動詞	「対応する日本語の表現形式（例文数）」	中国語の文例	日本語の訳文
応当	ベキ（1）	応当隠悪揚善	悪ヲ隠シ善ヲ揚ゲルヲスベキ
	ナケレバナラナイ（1）	応当斎戒沐浴	斎戒沐浴シナケレバナラナイ
該当	ナケレバナラナイ（1）	該当去的	往カナケレバナラナイ
該	命令表現（1）	該起来了	起キナサイ
応該	能願動詞との対応訳が見られなかった文（1）	応該貴的	高イ
得	ナケレバナラナイ類（9）	得买	買ハネバナラヌ
		得小心点儿	注意シナケレバナラヌ
		得见一见世面	世間ノ様子ヲシラネバナラヌ
		得赶紧审的	至急ニ調ベネバナラヌ
		得要小心勉励	注意シテ勉励センケレバナラナイ
		得绿叶扶持	緑葉ノ扶ケガナケレバナラヌ
		得小心	気ヲ付ケネバナラヌ
		得赶紧审的	至急ニ審ベネバナラナイ
		得暂且关几天	暫ク關ジナケレバナラナイ
	命令表現（3）	得多穿一件	多ク着ナサイ
		得大声儿	大聲デ言ヘ
		得小心点儿	氣ヲ付ケナサイ
	「是非」（4）	得等他回来么	是非彼ノ帰ヲ待ツデスカ
		得多咱回来呢	是非何時頃帰リマスカ
		得给阁下请安去	是非ゴ機嫌伺ヒニ出マス
		得等他	是非彼ヲマツ

		得什么时候回来	何時頃帰ルデショー
	推測表現（3）	得多咱才能忙完了呢	何時ニナッタラ終リマショウ
		得过个十天八天的罢	八九日過タラ宜イデショウ
	能願動詞との対応訳が見られなかった文（3）	得出告示	告示ヲ出シテ
		得用瓷罐儿	缶ニ入レル
		得找人去钉哪	人ニツケテモラウ
要	ナケレバナラナイ類（2）	要分别	区別シナケレハナリマセン
		要修盖了	修繕シナケレバナラナイ
	命令表現（1）	要盘问明白	取調ベロ
	「是非」（1）	要快办	是非早ク処分シテ
	使役表現（1）	要快快的走	早ク走ラセタ

との対応が見られる。"得"の意味から見て、二重否定形式で肯定を表す「ナケレバナラナイ」とその周辺が対応する日本語表現としているのは自然であろう。また、他人への義務付けとして「命令」と対応したのも理解しやすい。そのほか、「必ず」の意で「是非」との対応が4例見られる。

46）怎么这件事总得等他回来么（何故ニ此事ハ是非彼ノ帰ヲ待ツデスカ）下六十九

47）日后得给阁下请安去（其中是非ゴ機嫌伺ヒニ出マス）下九十八

48）怎么必得等他呢（ドウシテ是非彼ヲマツデスカ）下六十九

49）得多咱回来呢（是非何時頃帰リマスカ）下六十八

　例文49）で、"得"に「是非」を対応させ訳しているが、日本語訳文に「是非」がないほうが中国語例文表現の意味に近い。ここでの"得"は「必ず」というより「推測」の意を表しているが、以下の3つの例文は「推測」のニュ

アンスを表す例文である。しかしながら、これらの例文は“得”が「推測」を表しているというより、“大概（例文50）”，“呢（例文51）”，“巧了（例文52）”が「推測」を表している。“得”は「必ず」を表すのが一番普通であるが、「推測」を表す表現との共起がよく見られる。

50）您想大概<u>得</u>什么时候回来（アナタノオ考テハ大概何時頃帰ルデショー）下六十二

51）那么他<u>得</u>多咱才能忙完了呢（然ラハ彼ノ忙イノハ何時ニナツタラ終リマショウ）下八十二

52）巧了<u>得</u>过个十天八天的罢（多分八九日過タラ宜イ<u>デショウ</u>）下八十二

5.3　能願動詞“要”に対応する日本語の表現形式

　能願動詞“要”も“得”と同じく「何かを必ずする必要がある」を意味するが、“得”のような強い義務は感じない。“要”にも「ナケレバナラナイ」「命令表現」との対応と例53）のように「是非」に訳した例が1例見られる。

53）你总<u>要</u>快办才好（アナタ<u>是非</u>早ク処分シテ下サレバソレデ宜敷イ）下七十

　また、使役表現に訳した例文が1例見られ、これは命令表現の文を叙述文にした訳文として扱いたい。

54）所以告诉赶车的。<u>要</u>快快的走。（車夫ニ話シテ早ク<u>走ラセタ</u>）上百四十四

　園田（2018）では中国語関係書における当為表現について分析考察し、「ネバナラヌ」を二重否定形式による当為表現としている。「ベキ」を当為

表現とする研究も少なくない故、以上のことから必要性を表す能願動詞は当為表現と命令表現に対応していると言えるのではないかと考えられる。

5.4 以上のような日本語の特定の表現形式との対応訳が見られなかった中国語表現

55) 远越重洋自然<u>应该</u>贵的（遠洋ヲ越テ来ルカラ元ヨリ高イ）上九十九
56) 先<u>得</u>出告示安慰民心（先ヅ告示ヲ出シテ民心ヲ安撫スル）上八十七
57) 干的用匣湿的<u>得</u>用瓷罐儿（乾タノハ箱ニ入レ湿タノハ缶ニ入レル）上九十七
58) 连个钮襻儿。还<u>得</u>找人去钉哪。（鈕ノヒモマデモ人ニツケテモラウ）下三十四

例文55）の"应该"は「当然だ」の意を表し、例文56）～58）の"得"は共に「必要がある」の意を表しているが、そのような意を表す日本語表現は日本語訳文に見られない。

6. 禁止・阻止を表すもの

禁止・阻止を表すものは"别"をはじめ、"不要"，"不用"が見られ、次ページ【表4】に示す。

6.1 能願動詞"别"に対応する日本語の表現形式

『清語』では禁止・阻止の"不用"と"不要"のほか、"别"が最も多く13例見られる。"别"は"不要"の話し言葉として必要性を表す"要"の否定表現である。禁止や制止を表す表現として動詞「～ナ」形との対応

【表4】『清語会話案内』における禁止・阻止を表す能願動詞

能願動詞	「対応する日本語の表現形式（例文数)」	中国語の文例	日本語の訳文
別	〜ナ（13)	別瞞着	瞞着スルナ
		別耽误工夫	浪費スルナ
		別挡着道儿	道ノ邪魔ヲスルナ
		別受賄賂	賄賂ヲ取ルナ
		別搅我	私ノ邪マヲスルナ
		別插言儿	口ヲ入レルナ
		別怪他	怪ムナ
		千万別学我的样子	私ノ真似ヲシテ酒ヲ飲ムナ
		別见怪	怪デクダサルナ
		別提了	言フテ下サルナ
		別嗔怪我	私ヲ怪ムナ
		別混插言儿	口ヲ出スナ
		別怨我	私ヲ怨ムナ
	「テハナラナイ類」(7)	別丢了	失テハナラヌ
		別在外头	外ニ居テハイケヌ
		別怪他那个话	彼ノアノ話ヲ怪デハラナイ
		別竟看外面儿	只外面バカリ見テハナラヌ
		別学他嘴里混遭遏人家的	彼ノ真似ヲシテ人ヲ悪口シテハナラナイ
		別大声嚷	大声デ騒デハナラナイ
		別用书套	紙包ヲ用テハナラナイ
	能願動詞との対応訳が見られなかった文（1)	別大意了	怠ラナイ

不要				
	「テハナラナイ類」(4)		不要那么松	ソンナニユルクテハイケヌ
			不要多思多想	色々ト考ヘテハイケヌ
			不要多思多想	種々ニ考ヘテハイケマセン
			不要讲究人	人ヲ批評シテハナラナイ
	～ナ (1)		不要买新的	新ラシキハ買フナ
不用	～ナ (1)		不用费事	御心配下サルナ
	ニハ及バヌ (2)		不用忙着预备饭	急イデ飯ヲ作ルニハ及バヌ
			不用起誓	誓ヲ立テルニハ及バヌ

が最も多く見られる。

　山岡（2000）では、「意志動詞＋runaについては、命令接辞-roと否定辞-naが形態的に両立しないため、意味的に否定と命令を兼ねた接辞として固有の形態を持ったものであるとし、文機能としては〈命令〉に含めてよいと考える。」と述べている。

　また、「テハナラナイ」「テハイケナイ」との対応が7例見られ、能願動詞"別"は禁止機能の命令表現と禁止を表す「テハナラナイ類」と対応していると言える。

6.2 能願動詞"不要"に対応する日本語の表現形式

　能願動詞"不要"は5例見られ、"別"の出現頻度より少ない。これは『清語』が会話書であるためより話し言葉の"別"が多用されたと考えられる。"不要"にも禁止機能の命令表現「～ナ」と禁止を表す「テハナラナイ類」との対応が見られる。

6.3 能願動詞"不用"に対応する日本語の表現形式

　能願動詞"不用"は「必要がない」を意味し、「～ナ」との対応が1例

と下記２例のように「ニハ及バヌ」との対応が見られる。

59）<u>不用</u>忙着预备饭我先吃一点儿点心罢（急イデ飯ヲ作ル<u>ニハ及バヌ</u>私ハ先ニ少シバカリ菓子ヲ食ベヨウ）上百二十六

60）你也<u>不用</u>起誓现在你是少了多少银子不卖罢（汝誓ヲ立テル<u>ニハ及バヌ</u>汝は只今ノ所幾許ヨリ少クテハ売ラナイカ）下七十七

6.4 以上のような日本語の特定の表現形式との対応訳が見られなかった文

61）千万<u>別</u>大意了（怠ラナイコトガ肝要デス）上百五十五

例文61）の中国語表現は「油断するな」「油断してはいけない」の意を表しているが、日本語訳文を見ると場面に応じた訳文に見られ、“別”と対応する日本語表現は見られない。

7．おわりに

本章では、近代中国語会話書『清語会話案内』を資料として、中国語における能願動詞及びこれに準じる表現を対象に、中国語の能願動詞に対応する日本語の表現形式について、願望や意志を表すもの、可能・可能性を表すもの、必要性を表すもの、禁止・阻止を表すものに分け見てきた。

『清語』で見られる願望や意志を表す能願動詞は“要”を用いた例文が最も多く、“要”のほか“肯”，“敢”とそれらの否定表現が見られる。そのほとんどが「タイ／タガル」に訳されたことがわかった。また、意向形、「ツモリダ」と動詞無標形式との対応が見られた。

『清語』で見られる可能・可能性を表すものは“会”，“能”とこれらの否定表現と“可以”が見られ、日本語訳文の「（ラ）レル／可能動詞」と「デキル」及び否定表現との対応がそれぞれ見られた。

必要性を表すものは“該当”，“応該”，“応当”，“該”，“得”，“要”

が見られ、「ベキ」と「ナケレバナラナイ類」の当為表現と命令表現との対応及び、"得"と推測表現との共起が見られた。

最後の禁止・阻止を表すものは"別"、"不用"、"不要"が見られ、禁止機能の命令表現、禁止表現との対応とさらに"不用"には「ニハ及バヌ」との対応が見られた。

また、"会"に関しては、「能力」の意のみ見られ、「可能性」の意のものは出ていない。これについては、当時「可能性」を意味する"会"がまだ普及していないかそれとも単に『清語』に見られていないかなお追究の余地があるようである。

第2章　『清語会話案内』における兼語文

1.　はじめに

「兼語文」は古代中国語で既に現れているが、系統的な研究がなされたのは現代中国語研究からである（刘 2018）。日本語では初期には「兼語文」「兼語式」等と呼ばれてきたが、現在では「兼語句」と呼び始めている（鳥井 2008）ともされている。本章では「兼語文」という用語を用いる。

現代中国語における「兼語文」の定義は、黄伯荣・廖序东編（1997）《现代汉语》によるもので、「兼語短文が述語あるいは独立して文になる文（" 由兼语短语充当谓语或独立成句的句子 "）」を正式的に「兼語文」と定義した。呂（2003）では「兼語文の述語は１つの名詞を前後の２つの動詞がはさむ形で構成され、その名詞は前の動詞の客語であると同時に後ろの動詞の主語であるようにも見え、したがって兼語と呼ばれる」としている。つまり、１つの文に主語が２つ存在しており、前の文の目的語が後ろの文の主語となる「S1 ＋ V1 ＋ O1/S2+V2 ＋ O2」が「兼語文」の基本構成となっている。

また、「兼語文」の種類は多く、様々な基準で分類し研究されてきた。その中、黄・廖(1997)のＶ１の性質による分類が最も多く用いられている。

黄・廖（1997）では、Ｖ１の性質により「兼語文」を四つのタイプに分けられるとしている。

　Ｉ　使令意味類（Ｖ１が" 使 "，" 叫 "，" 让 "，" 派 "の場合が多い）。

Ⅱ　選定類（V1 が " 选 "，" 称 "，" 说 " の場合が多い）。

Ⅲ　愛憎類（V1 が " 称赞 "，" 表扬 "，" 喜欢 "，" 恨 " の場合が多い）。

Ⅳ　「有」字類。所有又は存在を表す。

　郝・马（2019）では、上記の分類から、致使類動詞には強い使役性を持ち、具体的な行為を表すとともに、ある程度の致使意味も含まれているとし、上記の分類の致使意味はⅠからⅣの順に弱くなり、Ⅳの有字類からは致使意味がほとんど見られなくなった点からⅠの使令意味類は典型的な「兼語文」であると述べている。日本人向けの中国語教材においても、「使役文は一般兼語文（蘇紅 2010）」、「使役文は「兼語」を含む文（「兼語文」）の代表的なもの（杉村 1994）」のような説明が多々見られる。

2.　先行研究

2.1　中国語の場合

　「兼語文」の中日対照研究をみると、中日翻訳に関するものが見られる他、使役文との対照研究が多く見られた。

　蔡（2001）は、「兼語文」の日本語に訳す場合の 6 つのパターンについて述べており、冯（2016）は「使字兼語文」の日本語訳について分析している。

　また、潘（2008）は日本語の使役表現と中国語の「兼語文」について対照分析しており、楊（1989）は日本語の「せる」「させる」および中国語の " 叫，让，使 " という従来、使役とされてきた表現だけではなく、他動詞文、「〜してもらう」「〜ようにいう」の日本語表現、中国語の使役兼語式構文なども分析の対象とし、これらの表現の間の関係を考察し、これらの表現を連続的な線上にとらえることで、日中両言語の表現を対照分析している。

2.2 日本語の場合

日中対照研究については管見の限り「兼語文」に関するものはなく、ヴォイス研究の一環としての日本語の使役文と中国語の「使字文」「叫字文」との対照研究（黄 2013）や"给・N＋V"表現と日本語の使役表現及び受益表現との対照研究（成戸 2016）など使役表現に関する対照研究が多く見られる。

先行研究では、「兼語文」＝「使役文」という考えが根深く存在していると言える。本章ではこれらを踏まえ、分析を進めたい。

3. 『清語会話案内』における「兼語文」

『清語会話案内』における「兼語文」は【表1】に示す通り、使令意味類が44例、「有」字類が7例現れ、選定類と愛憎類は見当たらない。

「有」字類に関しては、【表2】に示す通り、「アル」「アリマス」「アリマセン」に日本語訳される場合と日本語訳に"有"が表せない場合が見られる。

"有"はもともと存在を表す「ある／いる」、所有を表す「持っている」の意で、兼語文においては、Ｖ1が"有"である「有」字類の場合、「有＋Ｎ＋動詞述語」の形をとるが、日本語訳に表さないことも多々ある。

以上の状況を踏まえ、本章では、『清語会話案内』における使令意味類の兼語文を対象に分析を進める。

3.1 使令意味類の兼語文

中国語における使令動詞について、鳥井（2008）は「使役・命令を表す動詞」で"请，派，要求，帮助"を挙げ、「兼語句の最初の動詞になる」としている。よく使用される使役動詞は他にも"使，叫，让"などがある。

『清語』[1] には使令意味類の「兼語文」は【表3】に示すように44例あり、

---

[1] 『清語会話案内』を指す、以下同様。

【表1】『清語会話案内』における兼語文

兼語文	使令意味類	選定類	愛憎類	「有」字類	計
出現頻度	44	0	0	7	51

【表2】『清語会話案内』における「有」字類の兼語文

有	日本語表現	中国語例文	日本語訳文
(7例)	アル	有人大声儿说	叫ブモノガアル
	アレバ	有一个受伤	傷ヲ受ケタモノガアレバ
	－	有小狸来跟上他	淘児ガ付ケラレル
	－	有救兵到了	援兵が来た
	アル	有一处住房要卖	一軒ノ売家ガアル
	－	有人告诉我说	或人ガ申シマスニハ
	アル	有要紧的案得赶紧审	大事ナ事件ガアッテ是非至急ニ審ベネバ

【表3】『清語会話案内』における使令意味類の兼語文

項目	给	叫	请	派	托	打发	要求	計
出現頻度	6	24	3	1	5	4	1	44

第2章 『清語会話案内』における兼語文　　39

【表4】使令動詞"給"における使令意味類の兼語文

使令動詞	日本語表現 (例文数)	中国語例文	日本語訳文
給	Vテクレル (5)	給～瞧	見セテ下サイ
		給～瞧	見セテ呉レ
		給～使唤	使ワセテ呉レ
		給～听	聞カセテ呉レ
		給～瞧	見セテ呉レ
	ラレル (1)	給～偷	スレラタ

使令動詞"叫"，"給"，"请"，"派"，"托"，"打发"が見られ、"叫"
の多義性が認められる。

3.2　使令動詞"給"における使令意味類の兼語文

兼語文のV1が"給"であるものを【表4】に示す。

まず、以下のようにV1が"給"である場合、V2とVテクレルとの対
応が見られる。

1）給我瞧瞧（私ニ見セテ下サイ）上六十六
2）交給我瞧瞧（私ニ渡シテ見セテ呉レ）上六十六
3）借給我使唤（私ニカシテ使ワセテ呉レ）上六十六
4）说給我听听（私ニ話シテ聞カセテ呉レ）上六十七
5）顶好的材料給我瞧瞧（好イ材料ヲ私ニ見セテ呉レ）上七十九

これらの例文のV2の動作主—つまり受益者はすべて第一人称の「私」

40

である。日本語訳において、“給”を動詞としてそのまま訳したとも言えるが、謙譲の使役文として訳したとも考えられる。

中国語における「兼語文」の典型として、V1 の動作主の動作により V2 の動作主が V2 の動きをするというのが挙げられるが、その他に、V2 の動作主が V1 の動作主の動きを許容する―つまり V2 の動作主が受益者になるというものもある。例文 1) 2) 5) の「見せる」にはその意が弱いが、3) と 4) の「使わせて」と「聞かせて」にはよく表されている。即ち、“給”が V1 となる兼語文は日本語訳の V テクレルより V－a セテクレと対応しているというほうが適切であろう。

V テクレルの他、受身の「ラレル」との対応が 1 例あった。

6) 給小綹偷了去了（淘児ニス<u>ラレタ</u>）上七十七

3.3　使令動詞“叫”における使令意味類の兼語文

V1 が“叫”である場合について、V1 とヨンデとの対応、V2 と V-a セ（ス）ル、V-a レルとの対応及び他動詞訳とその他の対応する標識がない日本語訳をまとめたのが次ページ【表 5】である。

“叫”という動詞本来の意味には「呼ぶ」があるため、以下のように V1 を「呼デ」に訳し、V 2 には影響を与えていない例文が現れたと考えられる。

7) <u>叫</u>他来（彼ヲ<u>呼デ</u>来イ）　上六十八

8) <u>叫</u>他来吩咐罢拧结实这绳子不要那么松（彼ヲ<u>呼デ</u>来テ言付ケロ此縄ヲシッカリト結ベソンナニユルクテハイケヌ）　上百十七

9) 听见有人大声儿说。贼来了。细一听那个声儿。出去一个锁着的柜子里。<u>叫</u>巡捕来。开　锁一瞧。有一个贼在里头呢。（大声デ賊ガ来タト叫ブモノガアルカラ能ク聞クト其声ガ錠ヲ掛ケテ在ル箱ノ中カラスル様子

第2章 『清語会話案内』における兼語文　41

【表5】使令動詞 " 叫 " における使令意味類の兼語文

使令動詞	日本語表現（例文数）	中国語例文	日本語訳文
叫	ヨンデ（3）	叫〜来	呼デ来イ
		叫〜来	呼デ来テ
		叫〜来	呼デ
	V-a セ（ス）ル（8）	叫〜出去买	買ハセ
		叫〜弄火	火ヲ起サセ
		叫〜来	来ラセ
		叫〜誊写	寫サセル
		叫〜送来	送ラセ
		叫〜念	読マセ
		叫〜生了气	怒ラセ
		叫〜另找事	求メサス
	V-a レル（5）	叫〜蜇着	ササレ
		叫〜偷了去	盗マレ
		叫〜板出来	白状サレ
		叫〜板出来	白状サレ
		叫〜拿了去	捕マヘラレ
	他動詞（3）	叫〜喜欢	ヨロコバスル
		叫〜淋湿	湿ラシ
		叫〜笑断	笑ハシ
	その他（5）	叫〜蛀着	食フ
		叫〜淹	ツカリマシ
		叫〜受累	累ヲ受ケマシ
		叫〜受累	困難シ
		叫〜没法子	ドウシテ好イ カ分ラナイ

ダカラ巡査ヲ呼デ箱ヲ開テ見ルト一人ノ賊ガ中ニ居タ）上百十二

　V1 が "叫" の場合、V1 により V2 を使役表現の V-a セルに訳した例文
は 7 例見られる。

　10）叫他出去。买九个馒头一瓶酒。（少シバカリ銭ヲ用意シテ九ツノ饅
　　　頭ト一瓶ノ酒トヲ　買ハセタ）上百四十七
　11）叫底下人弄火罢（下男ニ火ヲ起サセロ）上八十一
　12）叫他月底再来罢（彼ヲシテ月末ニ来ラセロ）上八十九
　13）叫人誊写我怕是给抄错了（人ニ寫サセルト寫シ違フニコマル）上
　　　九十四
　14）你别怨我这是我们掌柜的叫我送来的（アナタ私ヲ怨ムナ之レハ私共
　　　番頭ガ私ニ送ラセタノデスカラ）下六十五
　15）没哪我父亲说过年叫我念十二头儿呢（讀ミマセン私ノ父ガ云フニハ
　　　正月ニナツタラ私ニ十二ノ頭字ヲ読マセル）下八十七
　16）不能不假。叫人生了气了。（嘘デナイコトハナイ人ヲシテ怒ラセル）
　　　下四十七

　また、使役表現「求メサセル」の古語表現である「求メサスル」が 1
例見られる。

　17）我们老爷的意思就是留那俩旧家人叫我们这几个人另找事罢（私共旦
　　　那ノ考ヘデハアノ二人ノ舊イ家来ヲ残シ私共ニハ別ニ仕事ヲ求メサス
　　　ル積リデス）下七十五

　V1 が "叫" の場合、V2 を受身表現の V-a レルに訳した例文は 5 例見
られる。

18）这么个夹当儿。就叫人偷了去了。（此間ニ人カラ米ヲ盗マレタ）下
　　四十

19）因为打了官司了得暂且关几天就是买了贼赃了叫贼板出来了（訴訟ガ
　　起タカラ暫ク閉ジナケレバナラナイソレハ賊品ヲ買タ為メニ賊カラ白
　　状サレタノデス）上百三十

20）是因为买了贼赃了叫贼板出来了（ソレハ賊物ヲ買タ為ニ賊カラ白状
　　サレタノデス）下八十四

21）可巧有救兵到了若是晚来一步也就叫敌兵拿了去了（丁度援兵ガ来タ
　　若シ一足遅ケレバ敵兵カラ捕マヘラレタ）上百十七

22）我叫蚂蜂蛰着了（私ハ蜂ニササレタ）上九十九

　鷲尾・三原（1997）によれば、同じ形式が受動と使役の曖昧性を示すという現象は系統に関係のない様々な言語（英語，フランス語，モンゴル語や韓国語など）で観察され、諸言語に見られる一般的な現象であるという。上記のように“叫”にも受動の働きと使役の働きと両方の意味を共有していることがわかる。
　V2を使役表現に近いと考えられる他動詞に訳した例文も3例見られる。特に、例文25）の「湿ラシタ」は「衣裳ガ湿レタ」の「自動詞を他動詞にした」ような動きが窺える。

23）叫人笑断了肚肠子了（人ヲシテ笑ハシテ腹ワタヲユラセル）上
　　九十七

24）那个管事的说话伶牙俐齿的叫人喜欢（アノ番頭ノ話ハハッキリトシ
　　テ人ヲヨロコバスル）上百十二

25）可就叫雨淋湿了衣裳了。（雨ノ為ニ衣裳ヲ湿ラシタ）下四十一

　その他、日本語訳に対応する標識のない例文も5例見られる。

26） 你们那儿的年成好不好。别提了庄家都叫大水淹了。（汝等ノ地方ノ
年バヘハ如何デシタカ」言フテ下サルナ田畠皆水ニツカリマシタ）下
三十一

27） 敢情树根儿。都叫蚂蚁蛀着了。（樹ノ根ヲ蟻ガ食フタカラダ）下
三十七

28） 又下起雨来了。真叫人受了累了。（又雨ガ降リ出シマシテ眞ニ累ヲ
受ケマシタ）下五十

29） 他又不依。真是叫我。没法子深不的浅不的。（彼ハ承知シナイ眞ニ
私ハドウシテ好イカ分ラナイ）下五十四

30） 北京城有两句俗语儿无风三尺土有雨一街泥有一天下大雨我有事出去
泥有脚面儿这么深真叫人受了累了（北京ニ二句ノ俗語ガアリマス風ナ
ケレバ三尺ノホコリ雨降レバ街中ノ泥ト云ヒマスガ或日天雨デシタ私
ハ用事ガアリテ出マシタラ泥ガ脚マデ深クアリマシテ實ニ困難シタ）
上百二十七

3.4　使令動詞"请"における使令意味類の兼語文

V1 が"请"の兼語文は【表6】のように3例見られる。

V1 が"请"の兼語文は3例見られ、対訳は見られないものの、例文
32) の他動詞訳「見セテ」と例文33) の「酒ヲ飲ミ」と「芝居ノ案内」

【表6】使令動詞"请"における使令意味類の兼語文

使令動詞	日本語表現（例文数）	中国語例文	日本語訳文
请	対訳なし（3）	请〜瞧	見セテ
		请〜喝酒	招待サレテ
		请〜听戏	―

を合わせて中国語文では現れない「招待」に受身の「サレテ」を加えた日本語訳で表現している。

31) 昨儿个这大夫瞧了吃了两剂药就渐渐儿的好上来了（昨日医者ニ見セテ二剤ノ薬ヲ飲ンダラダンダン好クナリマシタ）上百八

32) 白日里有人这我喝酒晚上又有人请我听戏（晝間ハ人カラ招待サレテ酒ヲ飲ミ又夜ハ芝居ノ案内ヲ受ケタ）上百三十五

3.5　使令動詞"托"における使令意味類の兼語文

V1が"托"の兼語文は【表7】のように5例見られる。

V1が"托"の場合については、V2と日本語訳の「V貰ヒタイ」との対応が見られ、"给"との共起も見られる。

33) 我托您把这个表交给钟表匠给收拾收拾（私ハ汝ニ頼デ此懐中時計ヲ時計師ニ修繕ヲシテ貰ヒタイ）上百三十二

34) 是托您给打听一件房子的事情（ソレハ家ノ事ヲ聞テ貰ヒタイデス）下百二

【表7】使令動詞"托"における使令意味類の兼語文

使令動詞	日本語表現（例文数）	中国語例文	日本語訳文
托	Vテ貰ヒタイ（3）	托～给打听	聞テ貰ヒタイ
		托给打听	尋テ貰ヒタイ
		托给收拾	修繕ヲシテ貰ヒタイ
	動詞訳（2）	托～给找书	頼デ
		托～给我一部书	託シテ

46

35）我打算<u>托</u>您<u>给</u>打听打听有认识他的没有（私ハアナタニオ頼ミシテ彼
ヲ知タモノガアルカナイカ<u>尋テ貰ヒ</u>タイト思ヒマス）下百三

　Ｖテモラウに関しては、「兼語文」に対する日本語訳に関する先行研究
でも言及されており（蔡 2001）、希望や願望を表す「兼語文」は日本語
訳において授受関係を表す「もらう」あるいは「いただく」を用いること
が多いとしている。
　その他、“托”を本動詞として訳し、V1 の動きによる V2 の変化が見
られない例文が見られる。本来であれば、例文 36）の「託シ」により V2
である“给”を、例文 37）の「頼デ」により V2 の“给找”をそれぞれ
授受関係を表す表現に訳すのが望ましいが、そのような標識はない。

36）你上回不是<u>托</u>他给我一部书么（アナタハ前回彼ニ<u>託シ</u>テ一部ノ書物
　　ヲ尋ネマセンデシタカ）下七十一
37）不错我<u>托</u>过他给找书（イカサマ彼ニ<u>頼デ</u>書物ヲ尋ネマシタ）下
　　七十一

3.6　その他の V1 における使令意味類の兼語文
　その他、“派”，“要求”，“打发”について次ページ【表8】に示す。
　“派”，“要求”，“打发”については、助動詞ではなく、本動詞として
訳され、V2 に影響を与えていない。

38）老人们说雷是老天爷<u>派</u>了来查考人的善恶好歹的闪是照人心的（老人
　　供ガ云フニハ雷ハ天ガ人ノ善悪ヲ調ベルタメニ<u>派出シ</u>タモノデ稲妻ハ
　　人ノ心ヲ照シテ見ルモノダト）上百二十三
39）总<u>要求</u>秉公处理（是非共公平ニ処分ヲ<u>願フ</u>）上八十三
40）我想明儿我<u>打发</u>人去把他找来好不好（私ガ明日人ヲ<u>出シ</u>テ彼ヲ呼ビ
　　寄セヨウト思ヒマスガ如何デスカ）下七十三

第2章 『清語会話案内』における兼語文　　47

【表8】その他のV1における使令意味類の兼語文

使令動詞	日本語表現（例文数）	中国語例文	日本語訳文
派	動詞訳（1）	派来査考	派出シ
要求	動詞訳（1）	要求処理	願フ
打発	動詞訳（4）	打発〜找来	出シ
		打発〜找来	出シ
		打発〜找那个人	出シ
		打発〜去	出ス

41）打発人把他找来也好（人ヲ出シテ彼ヲ呼ビ寄セルノハ結構デス）下
　　七十三

42）那么你今天晩上去问问他若是他打发别人的找那个人去行不行（然ラ
　　バ汝今晩行テ彼ニ問フテ下サイ若シ彼ガ别人ヲ出シテアノ人ヲ尋ネル
　　コトガ出来ルカ出来ナイカ）下八十三

43）你说的也是若是打发别的人去行那自然更好了（汝ノ言フコトモ尤デ
　　ス若シ别人ヲ出スコトガ出来レバソレハ元ヨリ好都合デス）下八十三

　"派"と"打发"について、香坂（1989）では、「つかわす」「派遣する」
の意として「派专家调查一下。（専門家を派遣して調査させてみる。）」「马
上打发他收拾机器。（すぐに人をやって機械を修理させる。）」の例を挙げ
て「兼語動詞」「使役動詞」であるとする。また、この動詞を用いた文を「兼
語式文」とも言うと記述している。

　例文36）と37）を含め、これらが本動詞として訳され、V2に影響を
与えていない例文が多数を占めていることから、1900年の時点ではこれ
らの使令動詞がまだ文法化されていないのではないかと考えられる。

4. 使役表現と受身表現に訳された兼語文

　3.3で述べている「同じ形式が受動と使役の曖昧性を示すという現象は系統に関係のない様々な言語(英語, フランス語, モンゴル語や韓国語など)で観察され、諸言語に見られる一般的な現象」について、本節では使役表現と受身表現に訳した例文を対象に、V1の動作主である主体S1とV2の動作主である客体S2について分析し、その「一般的な現象」についての傾向性についてみることにする。

　高橋(2013)では使令句における主体と客体の種類について述べており、主体は「ヒト」「コト」「モノ」、客体は「ヒト」「コト」「モノ」「カラダ」「場所」の出現頻度が高いと指摘している。

4.1 受身表現に訳した兼語文の主体と客体

　『清語』に見られる受身表現に訳した兼語文は例文6)、18)、19)、20)、21)、22) の6例で、主体をみると例文6) と例文18) は「モノ」になっており、19) ～ 22) の主体は「ヒト」になっている。客体について、例文22) の「動物」以外すべて「ヒト」になっており、これらをまとめると【表9】のようになる。

4.2 使役表現に訳した兼語文の主体と客体

　また、使役表現に訳した例文は、【表10】に示すように10)、11)、12)、13)、14)、15)、16)、17) で、主体をみると例文16) の「コト」以外、すべてが「ヒト」になっている。客体についてはそのすべてが「ヒト」になっている。

4.3 主体と客体のまとめ

　客体をみると受身表現に訳した例文22)の「動物(蜂)」以外すべて「ヒト」

第2章 『清語会話案内』における兼語文　　49

【表9】受身表現に訳した兼語文の主体と客体

例文番号	主体	客体
6	モノ	ヒト
18	モノ	ヒト
19	ヒト	ヒト
20	ヒト	ヒト
21	ヒト	ヒト
22	ヒト	動物

【表10】使役表現に訳した兼語文の主体と客体

例文番号	主体	客体
10	ヒト	ヒト
11	ヒト	ヒト
12	ヒト	ヒト
13	ヒト	ヒト
14	ヒト	ヒト
15	ヒト	ヒト
16	コト	ヒト
17	ヒト	ヒト

ということがわかる。『清語』で見られる使役表現に訳した例文は、時代の反映もあり、そのほとんどが目上の人が指示を下す例文であり、指示を受ける側として「ヒト」以外のものが現れるのは不自然であろう。受身表現に訳した例文の主体について「モノ」が2例あったが、これは「スラレタ」、「盗マレタ」という「持ち主の受身」であることがわかる。

主体と客体の種類からは「同じ形式が受動と使役の曖昧性を示すという現象」についての説明はできかねたことになる。

5. おわりに

以上、近代中国語会話書『清語会話案内』に見られる「兼語文」について概観してきたが、近代中国語と現代中国語、及び近代日本語と現代日本語とでは、大きな違いは見られなかった。

『清語』における兼語文は51例あり、その中で使令意味類の「兼語文」は44例である。使令動詞は"叫"，"给"，"请"，"派"，"托"，"打发"があり、"叫"の多義性が認められる。その中で、"给"によるV2と「Vテクレル」との対応、"叫"によるV2と受身表現及び使役表現との対応、"托"によるV2と授受表現「テ貰ヒタイ」との対応がそれぞれ見られる。

また、"叫"の受身表現と使役表現との両方の対応について分析するために、該当する兼語文の主体と客体について検討を試みたが、その傾向性についてはなお追究の余地があるようである。これについては有効な分析方法を探り、今後の課題とする。

第3章 『清語会話案内』における" 了 "

1. はじめに

近代中国語文法書である『日清語学金針』[1] (1905) では" 了 "について以下のように解釈している。

了は、接尾語として動詞に添ひ、過去決定の意を成すこと本章第十一節示例の如し、又、唯語調を補ふために名詞等に添ふものあり、即ち本節示例の如きこれなり、

六十三頁

・「マシタ」者、過去之語助詞、即第二章第七節敬語之「マシタ」是也
・了は、接尾語として之を用み過去決定の意を成すこと本節示例のごとし、又唯語意を助け、語調を補うために用うることあり、本章第四節示例のごとし、

七十六頁

このように近代中国語文法書における" 了 "は二つの意味を持ち、「過去決定の意を成す接尾語」と「唯語意を助け、語調を補う」ためのものと解釈されている。

---

[1] 馬紹蘭・杉房之助・謝介石 (1905)『注釈日清語学金針』 日清語学会

呂（2003）においても、"了"が2種類あるとし、"了₁"は動詞の後ろに用い、動作の完了を表し、"了₂"は文末に置き、事態に変化が起きたこと、あるいは今にも変化が起きることを認め、文を完結する働きを持つと説明している。

このように、1905年においても、2003年においても、文法書における"了"は2種類あることに異論はない。また、1905年における「過去之語助詞」と2003年における「動作の完了」は記述上概ね同じ解釈であると見られる。しかし、2つ目の"了"は「唯語意を助け、語調を補う」ための実意味のないものから「事態に変化が起きたこと、あるいは今にも変化が起きることを認め、文を完結する働きを持つ」実の意味があるものと、"了"の捉え方には変化が見られる。

高橋（2017）では、運動の一局面を表す動態助詞"了₁"と、出来事の一局面を表す語気助詞"了₂"がどのような日本語と対応しているのかを分析するために実例を収集し、"了"に対応している日本語表現を示しているが、それらの"了"と各日本語表現とが対応している根拠については論じていない。

そこで、本章では、近代中国語会話書『清語会話案内』における"了"が、どのような日本語表現と対応しているのかについて分析し、その根拠についても言及しながら、文法書の解釈では違いが見られる"了"の対応する日本語表現に違いがあるかについて考察したい。

2．本章の調査対象

中国語会話書である『清語会話案内』の上巻の「散語」と下巻の「問答」が助詞"了"における日中対照研究の対象としてふさわしく、本章ではその中から助詞"了"を抽出し日中対照研究を試みる。

3. 本章における "了"

　本章では高橋（2017）における解釈を参考に、文中の動詞・形容詞の後に用いる動態助詞を "了₁" とし、文末の出来事の後に用いる語気助詞を "了₂" として分析を行う。

　"了" は意味の特徴により、以下の例のようによく日本語の「シタ」「シテイタ」などと対応する。

　　ⅰ 刮风了（風が吹き出した）

　　ⅱ 我买了三张票（私はチケットを3枚買った）

　例文ⅰは "了" が文末に用いられ、「風」という自然現象の「発生」を表しているため、語気助詞の "了₂" であり、例文ⅱの "了" は動詞「買う」の後に用いられ動作の「完了」を助けているため動態助詞の "了₁" と見做してよい。

　本章では、動作の完了を表す動詞の後につく "了" を動態助詞 "了₁" とし、出来事の実現を表す文末に見られる "了" を語気助詞 "了₂" として分析を行い、5節では動態助詞 "了₁" を、6節では語気助詞 "了₂" を、7節では2つの "了" が同時に現れる場合を扱い、中国語の助詞 "了" がどのような日本語表現と対応しているのか調査分析しながら、高橋（2017）と比較検討していく。

4. 『清語会話案内』における "了" の出現頻度

　『清語』[2] に見られる "了" を【表1】に示す。

　【表1】に示すように、計337例が見られる中、語気助詞の "了₂" は231例と高い割合を占めている。

---

[2] 『清語会話案内』を指す、以下同様。

【表1】『清語』における "了" の出現頻度

項目	了₁	了₂	A了₁B了₂	その他	計
出現頻度	55	231	46	5	337

孟（2007、2008）では、話劇《方真珠》、《茶館》及び中国の 10 年分（1999年—2008年）の《政府工作報告》を研究対象として、"了₁" と "了₂" の分布状況を統計し、《政府工作報告》では "了₂" が現れず、話劇では "了₁" の出現頻度が "了₁" を上回ったという結果を示している。

『清語』も「会話書」であり、例文のほとんどは日常的な会話場面に見られる。つまり、『清語』の会話場面において "了₂" がより多く用いられることは、その傾向は近代でも現代でも同様であることがわかる。

「その他」について、"巧了" を以下のように「多分」に訳した例文が合計 5 例見られる。

　①巧了他三下钟也就回来了（多分三時頃ニハ歸ルダロー）下六十二

『中国語大辞典』[3]（1994）によると、"巧了" には 2 つの意味があり、その二つ目の意味に「たぶん」という解釈があり、固定表現にみられるため、本章では分析対象から外す。

5.『清語』における動態助詞 "了₁"

『清語』に見られる "了₁" と対応する日本語の表現形式を【表2】に示す。

---

[3] 『中国語大辞典』(1994) では "巧了" を「①偶然、思いがけなく、折よく、うまいことに；②たぶん、もしかすると、あるいは、ひょっとする」と解釈している。

【表2】 『清語』において動態助詞 "了₁" と対応する日本語表現

"了₁" と対応する日本語表現	出現頻度
（マシ）タ	21
順接仮定表現	6
逆接表現	6
Ｖ基本形	4
テ	4
テカラ	3
理由表現	3
命令表現	2
無対応	3
デシタ	1
テ居リマシタ	1
テ始メテ	1
計	55

　「（マシ）タ」に訳した例文計21例が「動作の実現」を表す "了₁" として使用されている。以下の2例のように、「賊に出会う」「蠍が手を刺す」という瞬間的な動作が「完了」した意味としての過去の意を表す "了₁" である。

1）道儿上碰見了賊（道デ賊ニ出逢タ）上七十六
2）蝎子蛰了手（蝎ガ手ヲサシタ）上九十九

　さらに、時間表現と共に用いられ「5日5夜吹いた風がやんだ（例文3）」

「一回は読み終わった（例文4）」「2年間の外出が終わった（例文5）」のように瞬間的な動作の「完了」ではなく、持続する動作の持続期間が「終了」した意を表す例文が以下のように見られる。

3）暴风刮了五天五夜（大風ガ五日五夜吹タ）上九十一
4）从头至尾的看了一遍（頭カラ尾マデ一通リ見タ）上九十三
5）是我出了二年外临走的时候儿实在是忽忙没得辞行去所以您不知道（ハイ私ハ二年地方ヘ行キマシタ出発ノ時マコトニ忙イ為メオイトマニモ出マセンデシタ其故ニアナタゴ承知ナイデス）下九十九

過去完了の意味を表わす「テ居リマシタ」「デシタ」との対応も以下のように2例見られる。

6）我是家去了几天（私ハ家ニ回テ居リマシタ）下七十六
7）就到了南京和镇江一带啊怎么您纳胡子都有白的略（南京や鎮江附近デシタ如何カシマシタアナタノ髭ハ皆白クナリマシタ）下九十九

『清語』に“了₁”と対応する「順接仮定表現[4]」は「（マシ）タラ」「（ニナル）ト」「（ク）テハ」が見られる。

8）熟透了才好吃（熟スルトウマイ）上八十四
9）我想是白糖舔了一舌头原来是干净的白盐（私ハ砂糖ト思テナメタラ元来之レハキレイナ塩デシタ）上百二十二
10）刚过了晌午天阴了就下起雨来了（晝（昼）過ギニナルト空ガ陰テ来テ雨ガ降リ出シタ）上百三十七

---

[4] 三井（2020）では「ば」「たら」「と」「なら」のほかに「ては」を「順接仮定表現」に加えることができると述べている。

第3章 『清語会話案内』における "了"　57

11）你也不用起誓現在你是少了多少銀子不賣罷（汝誓ヲ立テルニハ及バ
　　ヌ汝ハ只今ノ處幾許ヨリ少クテハ売ラナイノカ）下七十六

　以上4例で見られるように、順接仮定表現と対応する動態助詞 "了₁"
が用いられた節[5]のあとにさらに節が続いている。"了" が「文が完結せず、
後節が続く場合、前の状況があとの状況の仮定条件になる（呂1993）」
意を表せるためである。
　また、「文が完結せず、後節が続く場合、前の動作が完了してから、あ
との状況が発生すること（呂2003）」の意も表わせるため日本語表現の「テ
カラ」と対応する例文も以下の2例のように見られる。

12）現在还不一定了等病好了再说罷（只今マダキマリマセン病気ガ癒テ
　　カラノ事デショウ）上七十三
13）等着明儿我告诉了家里再来（明日私ガ家ノ人ニ話シテカラマタマイ
　　リマショウ）上八十六

「テ始メテ」と対応する例文にもこのような使い方が見られる。

14）总得等完了案才能开哪（是非共此事件ガ終ルノヲ俟テ始メテ能ク開
　　カレマス）上八十三

　その他、「文が完結せず、後節が続く場合、前の動作の発生と、あとの
状況の発生が同時進行する[6]」場合、"了₁" と「テ」との対応が以下の
15）16）ように見られる。

---

[5] 髙橋（2017）においては、「分文」という用語を用いて「節」を表している。
[6] 呂（2003）では、"了₁" の解釈について「文が完結せず，後節が続く場合。前の動作が完了してから，
あとの状況が発生すること，あるいは前の状況があとの状況の仮定条件であることを表す」と述べて
おり，本章で述べている「文が完結せず、後節が続く場合、前の動作の発生と、あとの状況の発生が
同時進行する」場合等その他の場合は呂（2003）に基づいた筆者の分析である。

15）他一概推却了不收（彼ハ皆退ケテ取ラナイ）上八十四

16）他借了我的衣裳去了（彼ハ私ノ着物ヲ一両日ト云フテ借テ行キマシタ）上百十

　さらに、「前の動作が完了できずに、あとの状況が発生してしまった場合」、あるいは「前の動作が完了したが、予測した状況が発生しなかった場合」には"了₁"と逆接表現との対応が見られる。

17）費了很大的力没成效（沢山ノカヲ費シタケレドモ成効シナイ）上八十六

18）怎么昨天我找了你两趟你都没在家（如何シタデス昨日私ハ汝ヲ二度尋ネマシタガ汝ハスベテ家ニ居ナイ）上百二十六

19）不论什么差使总得小心点儿万一丢失了什么实在是不能说不知道的（如何ナル役向ヲ論ゼズ是非注意シナケレバナラヌ萬一何ヲ失フテモ實ニ知ラヌト云フコトハ出来ヌ）上百十五

「動作によってある結果が生じたことを表す」機能を持つ"了₁"と理由表現との対応が以下のように見られる。

20）昨儿个我拜年去整走了一天乏的我浑身都酸软了（昨日私ハ年禮ニ行テ一日歩行タカラ疲レテ私ノ身体ガグタグタニナッタ）上百二十一

　以下の２例は中国語における理由表現の"因为…所以…"が同時に現れているため、"了"の役割が極めて弱まっているが、"了"にある「動作発生により生じた結果」の役割は否めない。

21）因为接着家信说家母病了所以赶紧的回去了（郷里カラ手紙ガ来マシ

テ母ノ病気ト云　フコトデス<u>カラ</u>急ニ歸リマシタ）上百二十九

22）整整的写了两万字<u>因为</u>把脑袋低的工夫大<u>了</u><u>所以</u>头昏脑闷的很难受
　　（丁度二万字書<u>タカラ</u>頭ノ使ヒ方ガ過タ為メニ頭ガボンヤリシテタマ
　　ラヌ）上百三十三

　なお、「結果のためにある動作をさせる」命令文にも使用されるため、命令表現との対応が見られる。

　23）浮头儿的撤<u>了</u>去（上側ハ吹キ取<u>レ</u>）上九十

「既に発生した事実に対する確認」において使用された“了₁”は動詞基本形との対応が見られる。

　24）封严<u>了</u>口儿（口ヲ厳封<u>スル</u>）上七十七
　25）也伤<u>了</u>好些人（又沢山ノ人ヲ傷<u>ケル</u>）上九十一

「無対応」とは、例文26）のように「たくさんお金を欠く」ことが「支払わぬ」という意味の訳になり、“了”と対応する日本語表現が見られないものを指す。

　26）欠<u>了</u>许多的账（沢山ノ掛ヲ支拂ハヌ）上七十八

　また、以下の例文のように会話の回答部分に現れ、日本語訳文に動詞句が省略されているがゆえに、回答文における“了”との対応表現が日本語訳文にはないと判断する例文も「無対応」と見做す。

　27）Q　是买了什么贼赃了（ソレハ如何ナ賊物ヲ買タノデス）下八十三
　　　A　是买<u>了</u>一个金表一卦朝珠（ソレハ一個ノ金時計ト一掛ノ珠数デ

ス）下八十三

28）Q　开了个什么铺子（何商店ヲ開キマシタカ）下九十四

　　A　开了个杂货铺（雑貨店デス）下九十四

　このように、『清語』における動態助詞"了₁"については、文末の動詞のすぐ後に用いられる場合と、後続する節がある場合と、その他の場合と、大きく３つのパターンが見られる。文末の動詞のすぐ後に用いられる場合、過去の標識である「タ」との対応が明確であり、後続する節がある場合、"了"の前の節と後ろの節の意味関係により五種類の接続表現との対応が観察される。

　高橋（2017）では、文や最後の分文[7]の文中に用いられる場合と分文のあとにさらに分文が続く場合との２つのパターンに分けて動態助詞"了₁"を分析している。「タ」との対応に関しては本章と同じ意見が見られ、節と節との関係による"了₁"の働きに関しては理由表現「タカラ」、出来事の前後関係を表す「テカラ」との対応について言及されていないが、節と節との関係を表す日本語の各接続表現と対応するのは"了"であるという立場は本章と同様である。

　しかし、「動態助詞"了"は前の語句の影響を受けていることが明白である（高橋2017）」という分析結果に関して、本章における分析とは異なる傾向が見られる。『清語』における動態助詞"了₁"は、動詞と"了"の関係、節と節との関係が比較的明確であるため、日本語表現との対応の判断も躊躇なく行える。

6.『清語』における語気助詞"了₂"

　刘（2010）では語気助詞"了₂"は近代中国語における語尾"了也（le

---

[7]「節」のことを指していると考えられる。

第3章　『清語会話案内』における"了"　　61

【表3】　語気助詞"了₂"の文中位置状況

項目	分文末の"了₂"	文末の"了₂"	計
出現頻度	72	159	231

yě)"の「合音（二字の音が連読され一つの音になること）」から成るものと述べている。

　語気助詞"了₂"は文末と前の分文末[8]との両方用いられる。本節では語気助詞"了₂"について分文末と文末との2つの状況に分けて分析する。まず、『清語』における"了₂"の出現頻度を【表3】に示す。

6.1　文末の"了₂"と対応する日本語表現

　文末の"了₂"に対応する日本語表現を次ページ【表4】に示す。

「(マシ) タ」と対応する文末に用いられる"了₂"は60例見られる。これらの"了₂"は出来事の実現、あるいは事態の変化を表している。

29）他出门<u>了</u>（彼ハ外出シ<u>タ</u>）上六十八

30）太阳平西<u>了</u>（太陽ガ西ニ入リ<u>マシタ</u>）上七十一

31）因为接着家信说家母病了所以赶紧的回去<u>了</u>（郷里カラ手紙ガ来マシテ母ノ病気ト云フコトデスカラ急ニ帰リ<u>マシタ</u>）上百二十九

32）这几天写字很多不但指头疼连胳臂都肿<u>了</u>（此二三日ハ字ヲ書クコトガマコトニ多ク指バカリテナク腕マデハレ<u>タ</u>）上百三十九

以上4例のように「外出した」「西に入りました」「帰りました」「はれた」という事態が発生し、その事態発生による影響が発話時の現在までに及ぼ

---

[8]　高橋（2017）で用いられる用語であり、前の節の最後に用いられる場合を指している。

【表4】 『清語』において文末の“了2”と対応する日本語表現

文末の“了2”と対応する日本語表現	出現頻度
（マシ）タ	60
否定表現との共起による無対応	35
デス（ダ）	19
“了”の特殊表現	18
V基本形 / Vマス形	9
ニナル / ニナリマス	3
マショウ	3
テアリマス	2
デシタ	2
デショウ	2
シテ居ル / テ居リマス	2
オ〜デシタ	1
タカラ	1
ニナリマシタ	1
テシマッタ	1
計	159

している。動態助詞“了1”が表す「完了」は発話の時にはその動作が完了し、
「完了」の一瞬に注目したもので、語気助詞“了2”はこのように出来事の
発生により影響が生じ、その影響が発話時にも残っている。三宅（2010）
でも、「“了2”は既に発生した出来事の影響が発話時の現在も残っている
ことが表せる」と述べている。

　また、「ニナリマシタ」「テシマッタ」「オ〜デシタ」「デシタ」の「タ類」

が以下の例文のように見られる。

33）他又上各省瞧风俗去了他更是老江湖<u>了</u>（此何年各省ヘ行テ風俗ヲ見
　　マシタカラ尚更世間師<u>ニナリマシタ</u>）上百十

34）打的厉害了就躺下<u>了</u>（ヒドク打タラ坐ツテ<u>シマツタ</u>）上百三十七

35）我没见他他来的时候我出门<u>了</u>（私ハアヒマセン彼ノ来タ時ニ私ハ留
　　守<u>デシタ</u>）下六十八

36）是买古玩玉器去<u>了</u>么（骨董玉器ヲ買ヒニ<u>オ</u>出<u>デシタカ</u>）下七十八

「出来事の発生による影響」が今まで続いていることで、「テアリマス」「テ
イル／テオル」との対応が以下のように見られる。

37）他现在是出外去<u>了</u>（彼ハ只今外省ヘ出<u>テ</u>居リマス）下六十八

38）都给您预备好<u>了</u>（皆用意シ<u>テアリマス</u>）上百三十一

「変化」に注目し日本語の「ニナル／ニナリマス」と対応した例文が以
下のように見られる。

39）他是谁家的妞儿今年是多大岁数儿<u>了</u>（彼ハ誰レノ娘デス今年何歳<u>ニ
　　ナリマスカ</u>）上百四

40）自然说着就顺<u>了</u>（自然ト話シ方ガ上手<u>ニナル</u>）上百三十二

「デス／ダ」との対応が19例見られるが、これらの例文も変化が生じ
てその影響に注目したように見える。

41）你忙什么<u>了</u>（アナタハ何ガ忙イ<u>デス</u>カ）下六十六

42）我七岁<u>了</u>（私七歳<u>デス</u>）下八十八

例文41）は忙しくなって今も忙しいのが続いていることに注目しており、42）は七歳になった瞬間ではなく、八歳になるまでのその間に注目した言い方であると解釈できる。

「Ｖ基本形」及び「Ｖマス形」と対応する"了₂"は２つの意味を示している。

43）到老了气血衰了（年老テハ血気ガ衰ヘル）上九十一

44）铁裤子里放屁三年还要臭出来了呢（鐵ズボンヘ放屁シタ三年過テモマダ臭ミガ出テクル）上百二十二

45）这儿也漏了那儿也湿了（此處ハ漏リ彼處ハ湿メル）上百三十六

以上の例文における"了₂"は過去に発生した事に対する話し手の確認に見られ、例文46）は未来発生可能な事に対する仮定である。"了₂"のこの２つの意味は共に日本語の「Ｖ基本形／マス形」と対応している。

46）叫人誊写我怕是给抄错了（人ニ寫サセルト寫シ違フニコマル）上九十三

"要, 别, 就, 也就, 把"とともに用い、これらの表現の影響をうけ、"了"のみについて語ることが難しくなる例文を本章では「"了"の特殊表現」とする。

"要"とともに「ナケレバナラナイ」との対応が見られる。

47）房子要修盖了（家ヲ修繕シナケレバナラナイ）上七十五

"别"とともに「禁止命令」との対応が見られる。

48）別耽误工夫了（時間ヲ浪費スルナ）上八十一

"就"とともに用いるものが最も多く見られ「最低限度」を表す表現との対応が見られる。

49）有一半儿就够了（半分デ足リル）上九十四

"也就"とととともに「ダロー」との対応が見られる。

50）现在才一点多钟赶你打后门回来去回信高老爷也就回来了（只今漸く一時過ダカラ汝ガ後門カラ歸テ来テ返事ヲ取タナラ高旦那モ亦タ歸テ来ルダロー）下六十三

"把"とともに命令表現との対応が以下のように見られる。

51）你们可想着把分量邀准了（汝等承知デハアローガ分量ハ正シク掛ケテ来テ呉レ）下六十三

　このように、前に現れる語句の影響を強く受けるのは語気助"了2"の特徴ともいえる。
　「否定表現との共起による無対応」が文末に用いられる"了2"に多く見られるのは前の語句に現れる否定表現"不,没"の影響により日本語訳文が否定文になっていることで"了2"との対応表現が見られないためである。

52）还没定规了（マダキマリマセン）下六十八
53）今儿不是月底了么（今日ハ月末デハアリマセンカ）下六十

66

前の語句の影響を受けていると考えられる例文はその他にもある。

前の"买定"と共に現れ、「必ず買う」という意志を表す「マショウ」との対応が見られ（例文54）、"可谓"の影響を受け感嘆の「デショウ」との対応が見られる（例文55）。

54）你既然这么说我们凭这一句话买定了（汝既ニ左様言フナラバ私等ハ此言葉ヲ信ジテ買ヒマショウ）上九十七

55）虽是玩意儿却有深意可谓有益之戏了（遊ビデハアルケレドモ又深イ意味ノアル所デス有益ノ戯デショウ）上百三十四

また、前だけではなく、後の語句の影響を受け、"呢"と共に現れ推量の「マショウ」との対応（例文56）と"罢"と共に現れ確認の「デショウ」との対応（例文57）が見られる。

56）那么他得多咱才能忙完了呢（然ラバ彼ノ忙イノハ何時ニナッタラ終リマショウ）下八十一

57）是么我倒不很理会现在少爷们都长起来了罢（左様デスカ私ハ格別ニモ思ヒマセン只今若様方ハ皆ゴ成長デショウナ）下九十九

固定表現に訳した例文が以下のように見られる。

58）恭喜了（御目出度）上七十五

59）是了（承知致シマシタ）下六十三

「タカラ」との対応が1例倒置文に見られる。

60）你快家去罢外头刮风了（汝家ニ歸ナサイ外ハ風ガ吹テ来タカラ）下八十八

「風が吹き出したから」という理由を表す分文が倒置され、後ろに移されたものである。

『清語』の文末に用いられる語気助詞"了₂"を見ると、出来事の発生、発生による変化、その変化が起こす影響のように、注目する重点の違いにより対応する日本語表現も変わることがわかる。また、動態助詞"了₁"と異なり、"了"自体が意味を持つというより、前後に現れる語句の影響を強く受ける点が明確である。"了₂"におけるこの分析結果は高橋(2017)と同じ意見が見られる。

6.2　分文末の"了₂"と対応する日本語表現

分文末の"了₂"に対応する日本語表現を次ページ【表5】に示す。

分文末に見られる語気助詞"了₂"は文末に用いられる助詞に対して数は少ないが、対応する日本語表現は多い。これは、『清語』で見られる分文末"了₂"の日本語訳が体系的ではないためか、それとも文末に用いられる"了₂"と同様前後の語句の影響を強く受けるためか、定かではない。

さらに、分文末に用いられる"了₂"の用法に関しては文末に用いられる"了₂"と同じ用法のみならず、動態助詞"了₁"との用法とも重なる部分があり、独自の特徴というものは見られない。分文末に用いられる"了₂"に関してはその他の方法を探り、なお追究の余地があると考えられるが、本章では割愛する。

7.『清語』における「Ａ了₁Ｂ了₂」

『清語』に見られる「Ａ了₁Ｂ了₂」と対応する日本語の表現形式を【表6】(69ページ)に示す。

「Ａ了₁Ｂ了₂」とは元である「ＡＢ」が1つの動詞句となり、その動詞

68

【表 5】 『清語』において分文末の"了₂"と対応する日本語表現

分文末の"了₂"と対応する日本語訳表現	出現頻度
否定表現との共起による無対応	13
（マシ）タ	12
理由表現	11
Vテ（Vリ、adj.ク）	7
デス（ダ）	6
逆接表現	6
"了"の特殊表現	4
順接仮定表現	4
V基本形 / Vマス形	3
テ来テ	1
ニナリマスル	1
オ〜デス	1
シタデス	1
テシマッタ	1
デシタ	1
計	72

Aの後に動態助詞"了₁"を付け、さらに目的語Bの後に語気助詞"了₂"を付け成した表現である。動作も「完了」して、事態にも「変化」があったことを表すために用いられる。

　iii我已经写了回信了（私はもう返信を書いてしまった）

第3章 『清語会話案内』における"了"　　69

【表6】『清語』において「Ａ了₁Ｂ了₂」と対応する日本語表現

「Ａ了₁Ｂ了₂」と対応する日本語表現	出現頻度
（マシ）タ	33
無対応	4
理由表現	3
Ｖ基本形	2
Ｖマス形	2
テ居ル	1
マセンデシタガ	1
計	46

　例文ⅲのように、「写回信（返信を書く）」が元の動詞句で動詞「写（書く）」に動態助詞"了₁"を付け、「書く」という動作の「完了」と目的語（本当は句末）の「回信（返信）」に語気助詞"了₂"を付けることで、「写回信（返信を書く）」という事態が「変化（完了）」したことを表している。これは、動詞の動作の完了、事態の完了——完了を強調したい場合によく用いられ、二つの"了"に挟まれる語句が強調される場合もある。

　「（マシ）タ」と対応する「Ａ了₁Ｂ了₂」を見ると、33例が以下の2例のように文の最後に用いられている。

61）他有了气了（彼ハ怒ツタ）上六十九
62）这架钟怎么站住了啊我忘了上弦了（此掛時計ハドウシテ止マツタデスアー私ガ鍵ヲカケルヲ忘レマシタ）上百十五

このように、２つの“了”に挟まれているＢが再分節不可の場合にはＡ
Ｂの完了及び事態の変化が強調される傾向が見られ、以下の例文のように
Ｂがさらに分節可能な場合強調されるのはＡＢではなくＢの方である。

63）有个贼偷了我的衣裳了（一人ノ賊カ私ノ衣服ヲ盗ミマシタ）上
　　八十二

64）这件事日子大多我们那个朋友催了我好几回来了（此事ハ日モ大
　　分掛テ居（イ）ルカラ私共ノ朋友ガ何度カ私ニ催促ニ来マシタ）下
　　六十八

　例文 63）は「私の衣裳」が盗まれたことが強調され、例文 64）は「何
回も」催促に来たことが強調されている。
　高橋（2017）では、Ｂが分節可能かどうかについて言及されず、「Ａ了₁
Ｂ了₂」において、挟まれている語句（Ｂ）が強調されているとまとめて
いる。
　また、以下の例文のように文の最後ではなく、前の分文末に用いられ、
「タ」との対応が見られる。

65）你怎么这么咳嗽着了凉了么总得小心点儿（汝ドウシテコンナニ咳嗽
　　ガ出マスカ風ヲ引タノデスカ気ヲ付ケナサイ）上百十四

　この例文は、前の節が「風邪を引いたのか」という疑問文で、相手の答
えを待たず、話し手が推測した「多分引いた」結果に基づいて後の「気を
付けなさい」という指示を下したため、２つの節の直接関係が弱い。「Ａ
了₁Ｂ了₂」が前の節に見られる例文は少ないが、前の節によりある結果
が生じ、理由表現と対応する例が以下のように見られる。

66）因为打了官司了得暂且关几天就是买了贼赃了叫贼板出来了（訴訟ガ

第3章 『清語会話案内』における"了"　　71

起タカラ暫ク閉ジナケレバナラナイソレハ賊品ヲ買タ為メニ賊カラ白
状サレタノデス）上百三十二

67）是因为买了贼赃了叫贼板出来了（ソレハ賊物ヲ買タ為ニ賊カラ白
状サレタノデス）下八十三

中国語における理由表現"因为"との共起が見られるが、「打官司（訴
訟が起きる）」が「発生」したから、また、「买贼赃（賊品を買う）」が「発
生」したから後の結果が生じたとの理由になったのは違いない。なお、例
文68）のように、前の節が理由になっているものの、日本語訳文に理由
表現がなく、後の節の能願動詞"要"においても日本語訳文に対応する表
現が見られず、日本語訳文だけでは意味理解の難しい文になっている。

68）这个庙坍塌了好几年了今年那个老和尚要募化重修哪（此寺ハ永ク壊
レテ居ル今年アノ老和尚ガ寄付ヲ募テ修復スル）上百三十八

また、以下の２例も中国語例文は「過去発生」を表し、過去発生のこ
とについての確認との意は見られず、日本語訳文に正確な意味が伝わって
いない。

69）发了大财了（大金ヲ儲ケル）上七十二

70）叫人笑断了肚肠子了（人ヲシテ笑ハシテ腹ワタヲユラセル）上
九十六

前の節に使用され、後の節を引き出す役割をする「〜マセンデシタガ」
との対応が１例見られる。

71）那儿的话呢您过奖了可是我还忘了请教了您是上那去的（恐レ入リマ
シタオ賞メ過デス然シ私ハマダ伺ヒマセンデシタガアナタハ何處ヘオ

出ニナリマスカ）上百二五

　「聞き忘れた」を「伺いませんでした」に訳し、さらに後節を引き出すための「が」を加え“了”と対応したと考えられる。
　以下の例文のように「Ｖマス」との対応と考えられる例文が２例見られるが、これに関しては“有”の働きに影響されている使い方に見える。「有＋時間表現」で時間的な量がどのくらいになるかという状態を表す用法（『中国語辞典』（2002））になり、これも前後に現れる語句の影響と見做す。

72）Q　在通州住了有几年了（通州ニ何年程住ヒマスカ）下七十六
73）A　住了有七八年了（七八年住ヒマス）下七十六

　「無対応」が以下のように２例見られ、“走了水了”は意味のまま「火事がある」と訳し、“长了身量儿了”は身体「ばかり」成長したと強調しているが、この日本語訳は“竟”の影響を強く受けていると見られる。

74）前门大街走了水了（前門大通リニ火事ガ在ル）上百十二
75）嗳长是长了也都是竟长了身量儿了什么都还不会（アイ成人ハ成人デスガ皆只身體バカリデ何ニモ出来マセン）下九十九

　このように『清語』における「A了₁B了₂」はそれが最後の文末に使用される場合は安定した日本語表現との対応が見られるが、前の分文末に使用される場合においては“了₂”と同様、日本語表現との対応が明確ではない例も見られるようである。
　また、“了”を用いた例文が337例ある中、「A了₁B了₂」が46例のみ見られるのはこれが「かなり特殊な文であり、そうたくさんあるわけではない（高橋2017）」ためであると言えよう。

8. おわりに

　本章では、助詞"了"について、近代中国語会話書『清語会話案内』に出現する"了"を高橋（2017）と比較しながら分析した。

　『清語』における動態助詞"了₁"に関しては、大きく３つのパターンが見られており、文末の動詞のすぐ後に用いられる場合、過去の標識である「タ」との対応が明確であり、後続する節がある場合、"了"の前の節と後の節の意味関係により五種類の接続表現との対応が観察される。高橋（2017）では、文や最後の分文の文中に用いられる場合と分文のあとにさらに分文が続く場合との２つのパターンに分けて動態助詞"了₁"を分析している。「タ」との対応に関しては本章と同じ意見が見られ、節と節との関係による"了₁"の働きに関しては理由表現「タカラ」、出来事の前後関係を表す「テカラ」との対応について言及されていないが、節と節との関係を表す日本語の各接続表現と対応するのは"了"であるという立場は本章と同様である。

　しかし、「"了"は前の語句の影響を受けていることが明白である（高橋2017）」という結果について、『清語』における語気助詞"了₂"はその傾向が見られるが、動態助詞"了₁"には適応しない。また、「出来事の発生により影響が生じ、その影響が発話時にも残っている」という"了₂"の働きについては、三宅（2010）と同じ傾向が見られる。

　２つの"了"が同時に現れる「A了₁B了₂」に関しては特殊な文で数が少ないという点は『清語』も高橋（2017）も同様であるが、『清語』において、それが前の節に用いられる場合、高橋（2017）と異なり[9]、前の節に用いられる"了₂"と同様なお追究の余地があるようである。

---

[9] 高橋（2017）では、「A了₁B了₂」が前の節に用いられる場合「シテキタ」「シテイタ」とのみ対応されている。

このような違いが見られたのは、高橋（2017）の"了"の多様な意味を解釈するために例文を収集したのと異なり、本章では『清語』に現れるすべての"了"の解釈に試みたためだと考えられる。特に、語気助詞"了₂"には未だ解釈されていない意味用法もあると考えられ、より多くの用例を用いて帰納していく必要があるが、これについては今後の課題にしたい。

第二部

　第一部の第1章の能願動詞に関する考察で、「"会"に関して、「能力」の意のみ見られ、「可能性」の意のものは出ていない。これについては、当時「可能性」を意味する"会"がまだ普及していなかったか、それとも単に『清語会話案内』に見られないだけか、なお追究の余地がある」と述べており、課題が残されている。

　第二部では、明治期の中国語関係書を調査資料に"会"の使用状況および用例用法を考察し、「当時「可能性」を意味する"会"がまだ普及していなかったか、それとも単に『清語会話案内』に見られないだけか」について検討する。

第4章　明治期の中国語関係書における"会"

1.　はじめに

　中国語の"会"の意味用法について、大きく以下のように3種類に分けられる。

Ⅰ　日本語の「～できる／～V（ら）れる」のような表現と対応しており、能力を表わす表現としてよく"能"との使い分けについて議論されている。
　i　我<u>会</u>写汉字。（私は漢字が書<u>け</u>ます。）

Ⅱ　日本語の「～長じている」「上手にできる」のような表現と対応しており、Ⅰからの派生用法である点については従来、異なる意見はない。また、意味用法の特性上、程度副詞とともに用いることが多い。
　ii　她很<u>会</u>说话。（彼女は口がとても<u>うまい</u>。）

Ⅲ　日本語の「～だろう」「～に違いない」「～はずだ」「～かもしれない」のような表現と対応しており、諸説あるが、「可能性」「蓋然性」を表わすとよく言われている。
　iii　①今天<u>会</u>下雨吗？（今日は雨が降る<u>だろう</u>か。）
　　　②今天天气不好，他不<u>会</u>来了。（今日は天気が悪いから、彼は来

ないはずだ。)

　Ⅱの用法は程度副詞とともに使われることが多いが、程度副詞がなくても使用できるため、Ⅰとの区別は明確ではない。さらに、ⅠとⅡは連続的な関係にあると考えられ、「できる（Ⅰ）ようになってからそれが上手になった（Ⅱ）」との解釈もあり得ると考慮し、本章においては、ⅠとⅡを「能力」[1]に分類し、Ⅲの「可能性」に関するものと大きく2種類に分け、なお、「可能性」に関するものを主に考察することとする。

2. “会”に関する先行研究

　“会”に関する先行研究は可能表現として“能”，“可以”との異同について論じるものが多い。黄（1995）は、“能”，“可以”，“会”それぞれの基本的な意味について“能”は「達成」、“可以”は「許容」、“会”は「自発」とまとめている。大江（2015）は、「可能」概念を構成する力に着目し、可能形式“能”，“会”，“可以”を分析している。その他、魯（2004）や侯（2009）なども挙げられるが、すべて“会”の「可能」を表す部分に注目したものである。

　一方、「可能性」に注目した研究も近年盛んに行われている。王（2016）は、「判断のモダリティ」という考察の枠組みの中に入れ、“会”の「能力」「長じている」以外の意味を対象に考察している。孫（2018）は“会”の意志を表す意味機能を、孫（2021）は“会”の「未来（確かな予測）」を表す用法を考察している。羅（2021）は、「能力」「可能性」の他「意志＋可能性」を新たに提起している。

　このように、“会”の「可能性」を表す意味用法について様々な説があり、ときには、なくても文が成立する場合も存在し（例文ⅲ①②）、また、

---

[1] “会”を「可能表現」という用語で指す先行研究も多いが、それは「能力可能」を表していると考えられる。また、「可能性」との区別も図りたいので、本研究では敢えて「能力」という表現を用いることにする。

日本語の動詞無標形式と対応する場合も少なくないため、『清語会話案内』に現れていないのはやや不思議に思われるが、あり得ないことではない。但し、"会"の「能力」以外の意味用法は会話において不可欠な内容であることは確かである。

　そこで、本章では、「能力」以外の意味用法で用いられる"会"の近代中国語関係書における出現状況や使用状況および用例用法について考察し、「当時「可能性」を意味する"会"がまだ普及していなかったか、それとも単に『清語会話案内』に見られないだけか」について検討する。

3.　本章における調査資料

　六角（2001）によると、「中国語関係書」は、慶応3（1867）年から昭和20（1945）年までに1437種刊行されている。「中国語関係書」は「学習書」「時文・尺牘」「語彙・辞典」等に細分されるが、明確な境界があるわけではなく、連続的なものである（園田2017）。

　国立国会図書館では、インターネットで資料の画像を見ることができるサービスを提供しており、「国立国会図書館デジタルコレクション」がそのコンテンツになっている。また、2022年5月からは個人向けデジタル化資料送信サービスを開始し、同年12月には「国立国会図書館デジタルコレクション」がリニューアルされ、これによって、様々な資料をどこでも簡単に閲覧できるようになり、そこには近代中国語関係書も数多く含まれている。

　近代日本の中国語関係書は「中国語」を「清語」「官話」「支那語」等で表現するのがほとんどである。本章では、「国立国会図書館デジタルコレクション」の「タイトル」にそれぞれ「清語」「官話」「支那語」を入力した検索結果[2]にみる「中国語関係書」を調査資料にする。なお、1912年

---

[2] 2023年5月26日に検索した結果に限る。

80

までの出版物に限定する。

『現代支那語学』[3] (1908) のような語学全般について論じているものや、『支那語教科書 発音編』[4] (1902) のような発音のみ教授するもの、また単語のみ記載されている「便覧」類を除き、上記の検索結果にある「中国語関係書」を、さらに、動詞など文法項目が記され例文等が提示されるものを「文法書」に、漢字の発音や四声[5] についての説明があり、適宜例文も提示しているものを「教科書」に、単語があるものの、会話文がメインとなるものを「会話書」に、物語や記述文章からなっているものを「読本」に分類し、次ページ【表1】に示す。

4. 「文法書」における "会"

本章では、文法項目について解釈するものを「文法書」とする。調査資料で見られる「文法書」を次ページ【表2】に示す。なお、「可能性」の "会" についての言及の有無を「有無」に示す。

【表2】に示すように、12点の文法書において「可能性」の "会[6]" について言及しているものは3点のみである。

『支那語学楷梯 (No.1)』では、"会" について「知ル」と解釈し、「デキル」「書ケル」の2例を提示している。『支那語異同弁 (No.3)』では "会走" と "能走" の違いについて解釈し、"会" を「技量を意味す」と述べている。『支那語動字用法 (No.4)』では動詞毎に例文を挙げながら説明しているが、"会" についての説明はない。『清語文典 (No.5)』も同様 "会" について言及されておらず、『日清語学金針:注釈 (No.6)』では、「會……デキマス」「不會……デキマセン」と記されている。

---

[3] 後藤朝太郎 (1908)『現代支那語学 (帝国百科全書；第177編)』博文館
[4] 岡本正文 (1902)『支那語教科書 発音編』文求堂
[5] 中国語の音節の声調。
[6] 近代中国語関係書における "会" は "會" を用いるが、本章では "会" で表記する。

第4章　明治期の中国語関係書における"会"　　81

【表1】本研究における「中国語関係書」について

	文法書	教科書	会話書	読本	計
部数	12	15	29	5	61

【表2】「文法書」における「可能性」の"会"の現れ方

No.	文法書	著者 / 編者	出版社 / 者	出版年	有無
1	支那語学楷梯	中島長吉	小林新兵衛	明治28年 (1895年)	無
2	支那語助辞用法[7]	青柳篤恒	文求堂	明治35年 (1902年)	有
3	支那語異同弁	原口新吉	文求堂	明治37年 (1904年)	無
4	支那語動字用法	張廷彦	文求堂	明治37年 (1904年)	無
5	清語文典	信原継雄	青木嵩山堂	明治38年 (1905年)	無
6	日清語学金針：注釈	馬紹蘭等[8]	日清語学会	明治38年 (1905年)	無
7	官話文法	張廷彦, 田中慶太郎	救堂書屋	明治38年 (1905年)	有
8	清語正規	清語学堂速成科編	文求堂	明治39年 (1906年)	有
9	初歩支那語独修書[9]	原口新吉	広報社	明治39年 (1906年)	無
10	支那語文法	石山福治	文求堂	明治41年 (1908年)	無
11	支那語動詞形容詞用法	皆川秀孝	文求堂	明治41年 (1908年)	無
12	支那語要解	寺田由衛	寺田由衛	明治42年 (1909年)	無

[7] 書名の全称は『支那語助辞用法：附・応用問題及答解』である。
[8] 「等」は共著を標し、詳細に関しては「調査資料」にて提示する。
[9] 『初歩支那語独修書』は明治38年に上巻が、明治39年に下巻が出版され、上巻では動詞について"有"
と"是"までのみ扱われており、下巻に"会"について言及されている。

『初歩支那語独修書（No.9）』では「可能、不可能の助動詞「會、不會」」のように品詞別に解析しているが、「絶対的能力の有無を表す」助動詞として「することが出来る／出来ない」という意を表すと述べている。さらに、本章の３節で紹介した先行研究の説に関係する未来を表す助動詞は"要"のみ、予定の意志を表す助動詞は"打算"のみ挙げられ、"会"については述べていない。

『支那語文法（No.10）』では"会"について「主動詞ノ働ガ可能ナルコトヲ表ハス」と解釈しており、『支那語動詞形容詞用法（No.11）』では「できる（成し能あたふ意）」と解釈され、『支那語要解（No.12）』では「會……能ふ」と記されている。

『官話文法（No.7）』は日本語が使用されておらず、日本語解釈もなければ、中国語の解釈もない。"会"という項目に「会う」「できる」のような様々な意味で用いる"会"を使用した単語や短文を羅列するのみである。その中には、"怎么会丢了呢（どうして失くしたのでしょう__筆者訳）"という「可能性」に関する例文が１例見られる。

『清語正規（No.8）』では、"会"について「（二）は「ソンナ筈ハナイ」と云ふ場合の「筈」に當る意味を有す」と解釈しており、この「第二の場合に属」する例を以下のように提示している。

1）您<u>会</u>说德国话不会（あなたはドイツ語を話すことが<u>出来</u>ますか__筆者訳[10]）p.174

2）我们都是不<u>会</u>骑马（私たちは馬に<u>乗れ</u>ません__筆者訳）p.174

解釈は「可能性」について論じているものの、例文は「能力」に関するもので、著者が"会"について理解しているとは言えない。

---

[10] 本章で調査する関係書は中国語文のみのものがあり、日本語訳文がないものに関しては筆者が適宜日本語に訳する。

一方、『支那語助辞用法（No.2)』では“会”について能力のほか、「(2)（そんな筈はない）（そんなわけはない）との意」と解釈し、以下のように「可能性」に関する例文を提示している。

　3）怎么这么好房子会租不出去呢（何うしてこんな好い家が借手のないことがあるものですか）p.31
　4）他是个用兵的好手，怎么会打这么一个大败仗呢（渠は兵術の名人であるのに何うしてこんな大敗をとることがありませう）p.31

　この文法書は唯一解釈も例文も“会”の「可能性」用法について正確に述べているものであるが、「注意」には「(2) 場合の用法にして尚會得するに難くんば、学者幸に先進に就て詳細の口授を受けられんことを」と記載されている。

　このように、明治期の中国語文法書―少なくとも明治28年から明治42年までの文法書は“会”の「可能性」について正確に論じているものは数少なく、唯一正確に論じているものも“会”の「可能性」用法について「あってもなくてもよい」立場にあり、“会”の「可能性」用法が重視されていないことが観察できる。

5.「教科書」における“会”

　本章では漢字の発音や四声についての説明があり、適宜例文も提示しているものを「教科書」とするが、これらの「教科書」は必ずしも解釈があるとは限らない。むしろ、基本的な中国語知識と発音を説明し、単語と例文を単に羅列しているものの方が多く見られる。本章における「教科書」を【表3】に示す。なお、“会”の「可能性」用法の用例数を示す。
　【表3】に示すように、15点の教科書に「可能性」を表す“会”を用い

84

【表3】「教科書」における「可能性」の"会"の現れ方

No.	教科書	著者 / 編者	出版社 / 者	出版年	用例数
13	支那語学速修案内：日英対照	川辺紫石	井口松之助	明治28年 (1895年)	0
14	支那語自在	豊国義孝	獅子吼会	明治28年 (1895年)	0
15	官話輯要	宮島大八	哲学書院	明治30年 (1897年)	1
16	支那語独習書	宮島大八	善隣書院	明治33年 (1900年)	0
17	清語教科書	孟繁英	村上書店	明治35年 (1902年)	0
18	亜細亜言語集 支那官話部 増訂	広部精	青山堂	明治35年 (1902年)	5
19	中等清語教科書	西島良爾等	石塚松雲堂	明治37年 (1904年)	2
20	官話急就篇	宮島大八	善隣書院	明治37年 (1904年)	1
21	初歩清語教科書	楊学泗	松雲堂	明治38年 (1905年)	0
22	支那語官話編	太田北水	北上屋	明治38年 (1905年)	0
23	新編支那語独修	三原好太郎	岡崎屋	明治38年 (1905年)	0
24	支那語学案内：日英対照官話指南	川辺紫石	一二三館	明治38年 (1905年)	0
25	新編清語教程	西島良爾	石塚猪男蔵	明治39年 (1906年)	2
26	北京官話万物声音[11]	瀬上恕治	市山重作	明治39年 (1906年)	1
27	日清会話捷径：北京官話	甲斐靖	弘成館	明治39年 (1906年)	0

---

[11] 書名の全称は『北京官話万物声音：附・感投詞及発音須知』である。

た例文が見られるものは 6 点のみで、用例数は 12 例である。"会"その
ものが少ないわけではないが、「可能性」用法が普及しているとは言い難い。
さらに、12 例のうち 9 例が以下のように"怎么会"で用いられている。

5）哎呀你<u>怎么会</u>落的这般光景呢（オヤマーお前は<u>どをして</u>此様に落ぶ
　　れたのだ）

『北京官話万物声音』p.22

6）<u>怎么会</u>没呢（<u>どうして</u>無くなったのですか＿筆者訳）

『亜細亜言語集 支那官話部 増訂』p.125

呂（2003）は"会"について、「③可能性がある：普通未来の可能性を表す。
過去・現在の可能性を示してもよい」と解釈し「他怎么会知道的？彼はど
うして知っているんだろう」という例文を示している。"怎么会"は過去
に発生したことに対して「発生するはずがないことがなぜ発生したのか」
という問いであり、「可能性」用法であることは確かであるが、本章で扱
う「教科書」はこれを理解したうえで、"会"を使用しているとは考えら
れず、「どうして」という意で便宜的に"怎么会"を使用したように見える。
　これらを除くと「可能性」用法の"会"を使用した例文はわずか 3 例で、
例文 7）は後で言及する同一著者の「読本」にも同じ文[12]が見られる。

7）那个母鸡天天<u>会</u>下金蛋，一定是满肚子里都是金子了（あの鶏は毎日
　　金の卵を産んでいるので、お腹の中には金がいっぱいあるに違いない
　　＿筆者訳）

『中等清語教科書』p.105

例文 7）の"会"は「毎日卵が産まれる」という現在を含むある期間内

---

[12] 西島良爾（1902）『清語読本』において同じ文が見られる。

で繰り返し生起する出来事を表しており、「可能性」用法の一種に思われる。このような場合に用いられる"会"に対応する日本語表現はなかなか見当たらない。

　また、以下の２例は同じ教科書に見られ、例文８）は過去か未来かに限定されず、脱時間化した超時の場合（王2016）の出来事を述べている。これは「運気が普通の人の成功には常にトラブルが付随している」というポテンシャルな事態で、話し手にとってはある種の必然的なことであり、いま発生していなくても、発生する「可能性」が非常に高いという話し手の思いが"会"により表されている。

8）时运若平常，样样儿总不着，不论什么事，眼看着要成，偏<u>会</u>又生出
　　岔儿来（運気が普通であれば、何事も起こらないし、どんな事でも、
　　成功が見えてきたとしても、またトラブルが発生するものだ＿筆者訳）
　　　　　　　　　　　　　　　　　　　『亜細亜言語集 支那官話部 増訂』p.12

　例文９）は未来の可能性を表しており、まだ家は壊れていないが、このままでは家が壊れる「恐れがある」という話し手の考えが"会"により表現されている。

9）若是这么惯了，不但<u>会</u>破家，而且也折福（もしこれが慣れてきたら、
　　家が壊れるだけではなく、福も損なう＿筆者訳）
　　　　　　　　　　　　　　　　　　　『亜細亜言語集 支那官話部 増訂』p.25

　これらの例文は「可能性」の"会"について正確に理解し、使用していると言える。

　このように、明治期の教科書は「可能性」の"会"を取り上げたものは極一部であり、理由を問う"怎么会"は使用されているものの、"会"の「可能性」について理解していると言える「教科書」は厳密には１点のみである。

6.「会話書」における" 会 "

　本章では、単語が多少記載されていても、会話文がメインとなるものを
「会話書」に分類する。会話文のみを羅列しているものもあれば、不特定
多数の人間の間に生じるやりとりを記載しているものもある。また、書名
に「読本」という表現を用いる関係書が見られるが、内容が会話文になっ

【表4】「会話書」における「可能性」の" 会 "の現れ方

No.	会話書	著者 / 編者	出版社 / 者	出版年	可能性	能力
28	官話指南[13]	呉啓太等	楊竜太郎	明治15年 (1882年)	10	9
29	英和支那語学自在	川崎華	岩藤錠太郎等	明治18年 (1885年)	0	3
30	支那語独習書 第1編	谷信近	支那語独習学校	明治22年 (1889年)	0	2
31	実用支那語 正篇	中島謙吉	尚武学校編纂部	明治27年 (1894年)	0	2
32	支那語学独修便覧：国語対照	福井太一	福井太一	明治28年 (1895年)	0	5
33	支那語独案内：軍用商業会話 自在	星文山人	柏原政次郎	明治28年 (1895年)	0	2
34	談論新編：北京官話	金国璞等	平岩道知	明治31年 (1898年)	0	1
35	士商叢談便覧：北京官話[14]	金国璞	文求堂	明治34年 (1901年)	2	7
36	貿易叢談：東文翻訳北京官話	徐東泰等	文尚堂	明治34年 (1901年)	0	1
37	清語読本	西島良爾	石塚猪男蔵	明治35年 (1902年)	10	12
38	新編支那語会話読本	青柳篤恒	早稲田大学出版部	明治36年 (1903年)	0	7
39	官話篇	宮島大八	善隣書院	明治36年 (1903年)	6	20

40	清語会話速成	東洋学会	又間精華堂	明治 37 年 (1904 年)	0	2
41	兵事会話：清語速習	宮島大八	善隣書院	明治 37 年 (1904 年)	0	1
42	清語三十日間速成	西島良爾	青木嵩山堂	明治 37 年 (1904 年)	0	2
43	官話時文問答	宮嶋吉敏	善隣書院	明治 37 年 (1904 年)	0	1
44	清語読本　後編	東方語学校	金港堂	明治 38 年 (1905 年)	4	2
45	日清語入門：較対無訛統 [15]	松雲程等	田中慶太朗	明治 38 年 (1905 年)	5	21
46	官話速成篇 [16]	張毓霊等	東亜堂	明治 38 年 (1905 年)	1	9
47	北京官話常言用例	小路真平等	文求堂	明治 38 年 (1905 年)	0	2
48	通訳必携：北京官話	馬紹蘭等	金刺芳流堂	明治 38 年 (1905 年)	0	2
49	清語新会話	山崎久太郎	青木嵩山堂	明治 39 年 (1906 年)	0	3
50	最新清語捷径	西島良爾	青木嵩山堂	明治 39 年 (1906 年)	1	8
51	北京官話家言類集	馮世傑等	積善館	明治 39 年 (1906 年)	4	7
52	清国風俗会話篇：北京官話	馮世傑等	文求堂	明治 39 年 (1906 年)	2	6
53	清国民俗土産問答：北京官話	文求堂編集局	文求堂	明治 39 年 (1906 年)	2	0
54	官話応酬新篇	渡俊治	文求堂	明治 40 年 (1907 年)	0	4
55	官話問答新篇：日文対照	瀬上恕治	東亜公司	明治 40 年 (1907 年)	4	1
56	二十世紀清語読本	李文権	文求堂	明治 43 年 (1910 年)	2	0

---

[13] 明治 19 年に 2 版が、明治 36 年に改訂版が出版されているが、本章では明治 15 年のものを対象とする。
[14] 『士商叢談便覧：北京官話』は上巻と下巻に分けられるが、本章では 1 冊として分析する。
[15] 明治 40 年に 2 版が出版されているが、明治 38 年のものを対象とする。
[16] 『官話速成篇』には日本語訳文がないが、『東語速成篇：官話速成篇総訳』はその日本語訳文が記載されているものである。

ているため「会話書」に分類する。本章における「会話書」を【表4】に示す。なお、"会"の「可能性」用法の用例数と「能力」用法の用例数をそれぞれ「可能性」欄と「能力」欄に示す。

　【表4】に示すように、「会話書」における"会"も「可能性」用法が少なく、「能力」用法のほうが多い。「能力」用法の用例数が142例であるのに対して、「可能性」用法の用例数は53例である。その中33例が"怎么会"として使用され、『最新清語捷径（No.50）』では例文7）と同じ文が見られる。また、日本語訳文がある例文を見ると、

10）哈奇怪奇怪怎么不疼不痒痒的就<u>会</u>出来吗（はー奇怪な事ですね痛くも痒くもなしに出て来ることが<u>出来</u>ましたか）

『北京官話家言類集』p.27

11）那卖牛羊的不<u>会</u>和他辩论这个理么（其牛羊商人は彼に向い其理屈を<u>言へ</u>ないので御座いますか）

『官話問答新篇：日文対照』p.106

のように、中国語文で「可能性」用法の"会"が使用されているのは確かであるが、日本語の訳文には「出来」や「可能動詞」のような可能表現の標識が見られる。

　次の例文を見ると、中国語文のみでは"会"が「能力」用法で用いられているか「可能性」用法で用いられているか定かではないが、日本語訳文においては「可能性」用法の意味で訳していると言える。

12）不<u>会</u>上井里打水去（井戸の水を汲むと云ふ譯にも行きませぬかな）

『清国風俗会話篇：北京官話』p.106

　このように、明治期の会話書における"会"は「能力」用法が「可能性」

90

用法をはるかに上回っており、「可能性」用法で用いられている場合であっても“怎么会”がほとんどで、また、それを除いた「可能性」用法の“会”を日本語に訳す際、「能力」用法にとらわれている部分が残っていることが観察できる。

7. 「読本」における“会”

　本章では、中国の昔話や『伊蘇普喩言：北京官話』のように物語が記載されているものを「読本」に分類する。本章で扱う「読本」を【表 5】に示す。なお、“会”の「可能性」用法の用例数と「能力」用法の用例数をそれぞれ「可能性」欄と「能力」欄に示す。

　【表 5】に示すように、「可能性」用法の用例数が 20 例であるのに対して「能力」用法の用例数は 13 例である。その中、“怎么会”が 9 例見られる。

　また、用例数から見ると、『中外蒙求：北京官話（No.61）』を除く「読本」において中国人著者の方（No.58,59,60）は「可能性」用法の用例数が「能力」用法の用例数を上回るが、日本人著者の場合（No.57）「能力」用法の用例数が多い。実際の運用では“会”の「可能性」用法が圧倒的に

【表 5】「読本」における「可能性」の“会”の現れ方

No.	読本	著者 / 編者	出版社 / 者	出版年	可能性	能力
57	伊蘇普喩言：北京官話	中田敬義	渡部温	明治 12 年 （1879 年）	3	6
58	今古奇観：北京官話 第 1 編	金国璞	文求堂	明治 37 年 （1904 年）	11	4
59	今古奇観：北京官話 第 2 編	金国璞	文求堂	明治 37 年 （1904 年）	2	1
60	虎頭蛇尾：北京官話	金国璞	北京日本人清語同 学会	明治 40 年 （1907 年）	3	0
61	中外蒙求：北京官話	張廷彦	文求堂	明治 44 年 （1911 年）	1	2

多く使われているという指摘（羅2021）もあるが、本研究における「文法書」「教科書」「会話書」の"会"の使用状況を見ると、「読本」で観察できる状況が異例と思われる。

8. 明治期の中国語関係書における"会"

　このように、明治期の中国語関係書における"会"に関して「可能性」用法が普及していないことは確かであるが、現代においても状況は大きく変わらない。羅（2021）の調査では、「日本で出版された初級レベルの中国語教科書を22冊[17]調べたところ、"会"の可能性を表す文法的意味に言及したのは4冊のみであり、同じく日本で出版された中級レベルの教科書を21冊調べたところ、多くの教科書は"会"が可能性を表すという内容の提示に留まる」と述べている。つまり、"会"の「可能性」用法についてこの百年余、日本で出版されている中国語教育関係書の取り上げ状況から、実際の運用では「可能性」用法が圧倒的に多く使われている（羅2021）にも関わらず、言語学習上の優先順位が低いと言えよう。"会"の「可能性」用法は従来存在するが（少なくとも本研究では1879年の『伊蘇普喩言：北京官話』から存在している）、多く議論されていないようである。

　本章で考察した調査資料及び『清語会話案内』の上巻と下巻に見る「可能性」用法の"会"の現れ方を年代別に配列し【表6】に示す。なお、「文法書」については言及の有無を示し、その他の関係書については「可能性」用法の用例数を示す。

　【表6】に示すように、『清語会話案内』が出版されるまでの関係書を見ると、『伊蘇普喩言：北京官話（No.57）』、『官話指南（No.28）』、『官話輯要（No.15）』の3点に"会"の「可能性」用法の用例が見られ、この3点の関係書の共通点として中国語文のみのものであり、日本語訳文が付し

---

[17]　本章では関係書を数える際「点」を用いるが、羅（2021）では「冊」を使用しており、引用文であるため、改めないことにする。

【表6】明治期の中国語関係書における「可能性」の"会"の現れ方

No.	中国語関係書	著者 / 編者	出版社 / 者	出版年	有無 / 用例数
57	伊蘇普喩言：北京官話	中田敬義	渡部温	明治12年(1879年)	3
28	官話指南	呉啓太等	楊竜太郎	明治15年(1882年)	10
29	英和支那語学自在	川崎華	岩藤錠太郎等	明治18年(1885年)	0
30	支那語独習書 第1編	谷信近	支那語独習学校	明治22年(1889年)	0
31	実用支那語 正篇	中島謙吉	尚武学校編纂部	明治27年(1894年)	0
1	支那語学楷梯	中島長吉	小林新兵衛	明治28年(1895年)	無
13	支那語学速修案内：日英対照	川辺紫石	井口松之助	明治28年(1895年)	0
14	支那語自在	豊国義孝	獅子吼会	明治28年(1895年)	0
32	支那語学独修便覧：国語対照	福井太一	福井太一	明治28年(1895年)	0
33	支那語独案内：軍用商業会話自在	星文山人	柏原政次郎	明治28年(1895年)	0
15	官話輯要	宮島大八	哲学書院	明治30年(1897年)	1
34	談論新編：北京官話	金国璞等	平岩道知	明治30年(1898年)	0
16	支那語独習書	宮島大八	善隣書院	明治33年(1900年)	0
—	**清語会話案内上下**	**西島良爾**	**青木嵩山堂**	**明治33年(1900年)**	**0**
35	士商叢談便覧：北京官話	金国璞	文求堂	明治34年(1901年)	2
36	貿易叢談：東文翻訳北京官話	徐東泰等	文尚堂	明治34年(1901年)	0

2	支那語助辞用法	青柳篤恒	文求堂	明治35年 (1902年)	有
17	清語教科書	孟繁英	村上書店	明治35年 (1902年)	0
18	亜細亜言語集 支那官話部 増訂	広部精	青山堂	明治35年 (1902年)	5
39	清語読本	西島良爾	石塚猪男蔵	明治35年 (1902年)	10
37	官話篇	宮島大八	善隣書院	明治36年 (1903年)	6
40	新編支那語会話読本	青柳篤恒	早稲田大学出版部	明治36年 (1903年)	0
3	支那語異同弁	原口新吉	文求堂	明治37年 (1904年)	無
4	支那語動字用法	張廷彦	文求堂	明治37年 (1904年)	無
19	中等清語教科書	西島良爾等	石塚松雲堂	明治37年 (1904年)	2
20	官話急就篇	宮島大八	善隣書院	明治37年 (1904年)	1
38	清語会話速成	東洋学会	又間精華堂	明治37年 (1904年)	0
41	兵事会話：清語速習	宮島大八	善隣書院	明治37年 (1904年)	0
42	清語三十日間速成	西島良爾	青木嵩山堂	明治37年 (1904年)	0
43	官話時文問答	宮嶋吉敏	善隣書院	明治37年 (1904年)	0
58	今古奇観：北京官話第1編	金国璞	文求堂	明治37年 (1904年)	11
59	今古奇観：北京官話第2編	金国璞	文求堂	明治37年 (1904年)	2
5	清語文典	信原継雄	青木嵩山堂	明治38年 (1905年)	無
6	日清語学金針：注釈	馬紹蘭等	日清語学会	明治38年 (1905年)	無

7	官話文法	張廷彦 , 田中慶太郎	救堂書屋	明治 38 年 (1905 年)	有
21	初歩清語教科書	楊学泗	松雲堂	明治 38 年 (1905 年)	0
22	支那語官話編	太田北水	北上屋	明治 38 年 (1905 年)	0
23	新編支那語独修	三原好太郎	岡崎屋	明治 38 年 (1905 年)	0
24	支那語学案内：日英対照官話指南	川辺紫石	一二三館	明治 38 年 (1905 年)	0
45	日清語入門：較対無訛　続	松雲程等	田中慶太朗	明治 38 年 (1905 年)	5
46	官話速成篇	張毓霊等	東亜堂	明治 38 年 (1905 年)	1
47	北京官話常言用例	小路真平等	文求堂	明治 38 年 (1905 年)	0
48	通訳必携：北京官話	馬紹蘭等	金刺芳流堂	明治 38 年 (1905 年)	0
44	清語読本　後編	東方語学校	金港堂	明治 38 年 (1905 年)	4
8	清語正規	清語学堂速成科編	文求堂	明治 39 年 (1906 年)	有
9	初歩支那語独修書	原口新吉	広報社	明治 39 年 (1906 年)	無
25	新編清語教程	西島良爾	石塚猪男蔵	明治 39 年 (1906 年)	2
26	北京官話万物声音	瀬上恕治	市山重作	明治 39 年 (1906 年)	1
27	日清会話捷径：北京官話	甲斐靖	弘成館	明治 39 年 (1906 年)	0
49	清語新会話	山崎久太郎	青木嵩山堂	明治 39 年 (1906 年)	0
50	最新清語捷径	西島良爾	青木嵩山堂	明治 39 年 (1906 年)	1
51	北京官話家言類集	馮世傑等	積善館	明治 39 年 (1906 年)	4

52	清国風俗会話篇：北京官話	馮世傑等	文求堂	明治 39 年 （1906 年）	2
53	清国民俗土産問答：北京官話	文求堂編集局	文求堂	明治 39 年 （1906 年）	2
54	官話応酬新篇	渡俊治	文求堂	明治 40 年 （1907 年）	0
55	官話問答新篇：日文対照	瀬上恕治	東亜公司	明治 40 年 （1907 年）	4
60	虎頭蛇尾：北京官話	金国璞	北京日本人清語同学会	明治 40 年 （1907 年）	3
10	支那語文法	石山福治	文求堂	明治 41 年 （1908 年）	無
11	支那語動詞形容詞用法	皆川秀孝	文求堂	明治 41 年 （1908 年）	無
12	支那語要解	寺田由衛	寺田由衛	明治 42 年 （1909 年）	無
56	二十世紀清語読本	李文権	文求堂	明治 43 年 （1910 年）	2
61	中外蒙求：北京官話	張廷彦	文求堂	明治 44 年 （1911 年）	1

ていないことが挙げられる。また、『清語会話案内』が出版された翌年の『士商叢談便覧：北京官話（No.35）』にも「可能性」用法の用例が見られるが、この関係書も同じく中国語文のみのものである。つまり、明治期の中国語関係書において「可能性」の“会”が認識され、日本語で解釈することを試みた最初の関係書は明治 35（1902）年に出版された『支那語助辞用法（No.2）』である。

　少なくとも明治 12（1879）年（『伊蘇普喩言：北京官話（No.57）』）から見られる「可能性」の“会”が、明治 35（1902）年にはじめて日本語で解釈されるようになったが、まだ普及されたと言い難い状況が生じる理由を挙げるためにまず以下の例文を見ると、

13）天下竟会有这样儿的冤屈的事

『今古奇観：北京官話 第 2 編』p.81

13）' 天下竟有这样儿的冤屈的事

　13）と、13）から "会" を外した 13）' は、ともに「この世にこのような冤罪があるとは（筆者訳）」に訳すことができ、同じことを語っている。強いて言えば、"会" がある文のほうが話し手のより繊細な感情を表すことができる。例文 13）は "会" によりこのような冤罪は「あり得ない」というニュアンスが表され、この "会" を日本語に直訳するのは難しい。また、以下の例文もこの場合に属すると言える。

14）没想到会叫一个小孩子把你算计了（君がこんな子供にはめられるとは考えられなかった＿筆者訳）

『今古奇観：北京官話　第 1 編』p.108

15）想不到这么小的孩子会有这么大的智谋（こんなに幼い子供にこれほどの知恵があるとは考えられない＿筆者訳）

『今古奇観：北京官話　第 1 編』p.126

　例文 14）は「子供にはめられるとはあり得ない」、例文 15）は「子供にこれほどの知恵があるとはあり得ない」という「可能性が非常に低い出来事がまさか発生したとは」という話し手の意外な感情を "没想到"，"想不到" と共に表している。これらの "会" も日本語に直訳するのは難しい。

　また、以下の例文のように "会" と対応する日本語表現は語句に内在していると考えられる場合が存在する。これらの文に見る "会" は「可能性」意味から派生し、羅（2021）で述べている「意志＋可能性」の意味に当たると思われる。この場合、"会" は意志動詞の前に現れ、文の主語は人間であり、主語があることをしたい意志があるため、そのことが起こる可

能性があるという解釈ができるが、そのほとんどが日本語の動詞無標形式[18]と対応しているため、“会”の働きが重視されていないと思われる。例文16）の子供は「聞く」意志がないため、「聞く」という事態が発生する可能性はないと理解ができ、“会闻”と「聞く」が対応していると思われるが、動詞無標形式であるため、“会”に対応する日本語表現は見出し難い。

16）这个孩儿，不但瞧不出什么来，连闻也不<u>会</u>闻（この子供は、何かに気づくどころか、聞きもしない＿筆者訳）

『伊蘇普喩言：北京官話』より p.103

　一方、意志動詞以外の表現の前の“会”の否定表現である“不会”は、「可能性」がゼロに極めて近いという意味を表しているため、日本語の「はずがない」「わけがない」のような表現との対応は見出しやすい。数少ないが、近代中国語関係書で“会”の「可能性」用法について言及している解釈のほとんどが「筈に當る」と述べているのは“不会”の解析から導き出したと考えられる。

17）账目是一定<u>不会</u>错的。（帳簿が間違う<u>はずはない</u>＿筆者訳）

『二十世紀清語読本』p.64

18）只要您认得准。<u>不会</u>上当的。（見分けさえできれば、騙される<u>わけがない</u>＿筆者訳）

『二十世紀清語読本』p.103

---

[18] 安達（2002）では、動詞無標形式は本来意志を表す形式ではなく、話し手の未実現の意志的行為に言及する場合に意志の側面が前面に出ることがあると述べている。

9. おわりに

　本章は、第 1 章における指摘をより多くの明治期の文献で検討するために「国立国会図書館デジタルコレクション」で閲覧できる 61 点の中国語関係書を調査資料に“会”の使用状況および用例用法を確認し、当時「可能性」を意味する“会”がまだ普及していないという結論に辿り着いた。

　「文法書」では『支那語助辞用法 (No.2)』にのみ、「可能性」用法の“会”について言及し、かつ、正しい例文を示している。「教科書」では『亜細亜言語集 支那官話部 増訂 (No.18)』のみ、“会”の「可能性」について理解していると言える。「会話書」における“会”は「能力」用法が「可能性」用法をはるかに上回っており、「可能性」用法の“会”を日本語に訳す際、「能力」用法にとらわれている部分が残っていることが観察できる。

　「読本」では「可能性」用法の用例数が「能力」用法の用例数をやや上回るものの、日本人著者の場合「能力」用法の用例数が多い。

　“会”の「可能性」用法の学習者への普及が難しいことについて、「可能性」を表す“会”の直訳が難しいことと、また、日本語に対応する表現が見出し難いとの 2 つの理由を挙げたい。さらに、本研究における調査により“会”が現在の「可能性」として解釈できるようにまで至った経緯について、まずは「どうして」の“怎么会”が定着し、その後「はずがない」の“不会”についての解析が深まり、最後に“会”の「可能性」用法という解釈に辿り着いたとする推測が可能であろうが、これについては慎重を期してさらなる調査を試みたいと思う。

第三部

　第三部では、程度副詞における日中対照研究を行う。

　第5章では、書名に「日清会話」という表現が使用されている明治後期に出版された6点の日本語訳文を掲げる中国語会話書を対象に分析を行い、第6章では第5章の結果を踏まえ、中国語文のみの中国語関係書『官話指南』と『官話急就篇』とその和訳書である『官話指南総訳』と『官話急就篇詳訳』、及び当時の中国人留学生向けの日本語学習書『漢訳日本語会話教科書』を調査資料に当時の日中両言語の程度副詞について考察していく。

第5章　近代中国語会話書における程度副詞の日中対照研究　―明治後期を中心に―

1.　はじめに

　近代日本の中国語会話書は中国語文のみのものもあれば、日本語訳文を掲げるものもある。その日本語訳文を近代日本語研究の資料として取り上げた研究は近年盛んに行われているが（諸星2009、板垣2015、園田2021等）、日中両言語を対照する研究は管見の限り見られない。

　従来近代語における程度副詞に関する研究は基本的に口語文における使用状況を対象として進められてきた（市村2015）と言われている。程度副詞が書き言葉より話し言葉によく用いられるのがその原因であろう。実際、口語・文語を区別せず扱った研究（中尾2003）と口語・文語の両方を扱う研究（市村2015）も見られるが、本章では、会話文における日中両言語の程度副詞の使用状況および用例用法を検討することを目的とする。

2.　先行研究

　日本語における程度副詞の代表的な先行研究としては、工藤（1983）、森山（1985）が挙げられる。

　工藤（1983）は、ほぼ疑いなく程度副詞とされる代表的なもの、程度副詞の周辺的・過渡的なものとして量性の濃いものと評価性の濃いものを

列挙している。

　森山（1985）は、程度副詞を量的程度副詞と純粋程度副詞と2つのグループに分けて、各グループの代表的なものを提示している。

　中国語における程度副詞の先行研究としては、王（1954）と周（1995）などが挙げられる。

　王（1954）は、程度副詞を"絶対的程度副詞（絶対程度副詞）"と"相対的程度副詞（相対程度副詞）"に分けて、さらに絶対程度副詞を4種類に、相対程度副詞を3種類に細分類している。

　周（1995）は、王（1954）の研究を踏まえ、程度副詞を絶対的程度副詞と相対的程度副詞との2つのグループにまとめ各グループの代表的なものを提示し、分析している。

　また、日中両言語の特定の副詞に関する対照研究も近年盛んに行われている。

　時（2009）は、程度性・量性を表す副詞を中心に、両語の程度表現の体系を究明することを目的とし、程度副詞の中で代表的なものをそれぞれ選び、同じレベルで観察して、その共通点と相違点について述べている。

　唐・加藤（2003）は、『中日対訳コーパス』を用いて、中国語の程度副詞"有点, 有些, 稍微, 多少"と、日本語の程度副詞「少し、多少、ちょっと、少々」とを考察し、それらが並行的な対応関係を有していると述べている。

　その他にも、特定の副詞を取りあげた研究が多数見られる（陳2011、楊2008）が、全体的な対照研究はその下位分類の基準が異なるがゆえに、容易ではない。

3．本章における調査対象と方法

　園田（2021）の「日本語の会話文が現れている中国語会話書一覧」か

【表 1】 対象資料及び各対象資料の対象部分

No.	会話書	著者	出版年	出版社	対象部分
1	『速成日清会話独修』	鹿島修正	明治 35 年	青木嵩山堂	「会話之部」 pp.1~91
2	『日清会話篇』	松永清	明治 36 年	同文社	pp.10~232
3	『実用日清会話独修』	鈴木雲峰	明治 37 年	修学堂	「会話篇」 pp.129~302
4	『日清会話独習』	山岸辰蔵	明治 37 年	東雲堂	「会話」pp.143~218
5	『日清会話』	粕谷元	明治 38 年	文星堂	pp.89~173
6	『日清会話語言類集』	金島苔水	明治 38 年	松雲堂	「第一編」「第二編」 pp.11~376

ら明治後期[1]の「日清会話」という表現を用いた会話書を【表1】のように示す。会話書によっては発音や単語などを説明する部分もあるが、本章では会話の部分のみを対象とする。なお、抽出対象の選別において日本語は工藤（1983）と飛田・浅田（2018）[2]を参考に、中国語は王（1954）と周（1995）を参考とする。また、中国語の程度副詞の日本語意味に関しては『中日辞典第3版』（2016）を参考にする。

　これらの会話書の著者は日本人であり、中国語と日本語の配置はそれぞれであるが、左右・上下の配置だけではどちらが会話文の作成にあたって先行したかについて決めがたい。序文などから判明する著者の経歴・中国語学習歴については以下の各会話書に言及する。

---

[1]　六角（1961）では、中国語教育における明治の時期を前期：明治四年～十九年、中期：明治二十年代、後期：明治三十年以降の三期に分けている。

[2]　飛田・浅田（2018）における各表現の【解説】に「程度について表す」と記載されているものを程度副詞として選出する。

4. 『速成日清会話独修』における程度副詞

　『速成日清会話独修』は鹿島修正編、1902年に発行された会話書で、縦書きの上の部分が中国語、下の部分が日本語の構成となっており、「序」には著者の経歴等について言及していないが、「久游彼地（長い間彼の地に滞在していた）」と記述している。本文には児化音を使用するなど、北京語の口語的表現が使用される一方、文語寄りの表現の使用も見られる。実際、本章の調査資料の中で"甚"が見られる会話書はこの一点のみで、"甚"が口語的な表現とは言いがたい。また、中国語には発音、日本語には漢字に振り仮名をともにカタカナで付した漢字カタカナ混り文で印字されている。「会話之部」に見られる程度副詞を【表2】に示す。

　【表2】に示すように、中国語と日本語の両方とも程度副詞の語彙選択に偏りが生じている。中国語の"狠"、日本語の「大変」の出現頻度がその他の表現を上回っている。

　現代中国語では"很"を使用する。"狠"は"很"の旧字で、『中日辞典第3版』では「〖很〗に同じ」と記している。形容詞や助動詞、動詞の前に用い、程度の大きいことを表し、日本語の「たいへん」「とても」とニュアンスが似ている。

【表2】『速成日清会話独修』における程度副詞

	見出し語	異なり語数	延べ語数
中国語	狠 (28)、更 (4)、太 (3)、最 (2)、甚 (2)、頂 (2)、最為 (1)、不狠 (1)、略 (1)、極 (1)、十分 (1)、真 (1)、	12	47
日本語[3]	大変 (19)、非常に (2)、大層 (2)、少し (1)、実に (1)、ごく (1)、はなはだ (1)、十分 (1)、まことに (1)、	9	29

資料に見られる"狠"は「大変」「大層」と対応する例文がほとんどで、「実に」と「はなはだ」と対応する例文は1例ずつ見られる。

1）若是替我谋事我狠多谢你 / 私ニオセワ下サルナラバ實ニアリガタウ
　　ゴザリマス　p.16
2）这样的东西狠难得 / コノコトハハナハダカタイコトデス　p.37

「大変」は"狠"のほか、"最，太"との対応例も見られる。
　"太"は「〜すぎる、あまりにも、ひどく」の意で、形容詞や心理活動を表す動詞を修飾し、望ましい程度を超えて望ましくない程度であることを表す。
　"最"は「最も、いちばん、この上なく」の意で、必ずしも「いちばん」の意味とは限らず、特に比べるものがなく"非常"の意味で用いることもある。

3）你要得价钱太贵 / 大変タカイネダンデスネ　p.6
4）这件正是我所最中意的 / コレハ大変キニイリマス　p.59

　例文4）のように中国語の程度副詞は形容詞のほか、動詞を修飾する例文が8例見られ、日本語の程度副詞は動詞を修飾する例文が4例見られる。

5.『日清会話篇』における程度副詞

　『日清会話篇』は松永清編、1903年に発行された横書きの会話書で、各頁の左側が中国語、右側が日本語になっている。「序」によると著者は

---

[3] 会話書によって表記が異なるが、本章の調査は表記を分析対象としないため、異なる表記の副詞を一語として一括扱うことにする。

【表3】『日清会話篇』における程度副詞

	見出し語	異なり語数	延べ語数
中国語	很（27）、太（19）、頂（9）、好（4）、再（4）、不很（2）、稍微（1）、実在（1）、过于（1）、	9	68
日本語	ごく（16）、あまり（12）、もっと（8）、大変（7）、大層（5）、よほど（5）、一番（4）、はなはだ（3）、ずいぶん（2）、ほんとうに（2）、よく（2）、少々（1）、こころもち（1）、充分（1）、十分（1）、そんなに（1）、だいぶ（1）、まことに（1）、もうすこし（1）、	19	74

　三島中洲の下で清語を学習し、その後、陸軍通訳官を務め、日本語より支那語に長じており、支那国での滞在期間が長く、支那人との接触が多い（筆者訳）という。また、中国語文には北京語の俗語の使用及び児化音が見られ、当時の北京語の口語の特徴がよく反映された会話書だと思われる。本文の中国語には発音、日本語には漢字に振り仮名をともにカタカナで付した漢字カタカナ混り文で印字されている。この会話書は「唐物店ニテ買物ノ話」「船中旅行ノ話」など場面による会話文からなっており、第二十一章までの程度副詞を【表3】に示す。

　【表3】に示すように、延べ語数に大きな差がないのに対し、日本語の異なり語数は中国語をはるかに上回っている。

　中国語の見出し語は"很"が圧倒的に使用され、次いで"太"が多く使用されている。"頂"が10例見られ、「最も、いちばん、きわめて」の意を表し、話し言葉のみに用いる。また、「ごく」と「一番」との対応が見られ、すべて形容詞を修飾している。

5）有<u>頂</u>好的／<u>極</u>善イノガ御座イマス　p.43

6）<u>頂</u>便宜的价钱呢可以都买罢／<u>一番</u>安イノ、直（ネ）ニシテ下サルナ
　ラ残ラズ買ヒマセウ　p.57

"好"は形容詞でよく用いられるが、形容詞の前に置いて「ずいぶん」の意で程度の強いことを表し、書き言葉にはほとんど使用されない表現であり、「大変に」「よほど」との対応が見られる。

7）啊好奇怪的天気呀 / アー余程奇態ナ天気デアリマス　p.225

「あまり」は 12 例中 1 例のみ否定との共起が見られ"不很"と対応している。"不很"は部分否定をつくり「あまり〜でない」「少々〜だ」の意味を表す。

8）我看着不很大 / ワレノ見タ所デハ余り大キクナイ　p.21

「ごく」と対応しているのは"頂"の他、"很"も数少なく見られるが、著者の個人的な傾向の可能性があり、普遍性はないと考えられる。
　「こころもち」が 1 例見られ、程度の小さいことを表す"稍微"と対応している。この表現に関して工藤（1983）では「ほぼ疑いなく程度副詞とされる代表的なもの」として挙げられているが、飛田・浅田（2018）では取り上げられていない。『日本国語大辞典　第二版』では、「三〖副〗」と記しており、副詞としても示されている。

9）前头稍微的长一点儿吧 / 前ノ方ハココロモチ長クシテオイテクレ　　p.107

『日清会話篇』において、中国語の程度副詞は動詞を修飾する 2 例を除き、形容詞を修飾しているのに対して、日本語の方は 11 例が動詞を修飾している。

6.『実用日清会話独修』における程度副詞

『実用日清会話独修』は鈴木雲峰編、1904年に発行された縦書きの会話書で、上の部分が中国語、下の部分が日本語になっている。著者は同文学会の講師で、書籍情報には「余仁吉閲」が記してあり、当時中国人による校閲があったと思われる。また、北京語の俗語の使用や、"有点儿"のように児化音の使用が見られることから地域特徴が反映されている会話書だと思われる。本文の中国語には発音がカタカナで付してあり、日本語にふりがなはなく、漢字ひらがな混り文で印字されている。「会話篇」に見られる程度副詞を【表4】に示す。

【表4】に示すように、延べ語数に大きな差がないのに対し、日本語の異なり語数は中国語を上回っている。

中国語の見出し語は"很"が依然として一番多く使用されている。

日本語の程度の小さいことを表す「少し」を用いた例文が12例見られるのに対して、中国語の"有点儿"は3例のみである。"有点儿"は「少し、

【表4】『実用日清会話独修』における程度副詞

	見出し語	異なり語数	延べ語数
中国語	很 (37)、太 (19)、顶 (3)、有点儿 (3)、非常 (2)、怪 (1)、更 (1)、最 (1)、真 (1)、不很 (1)、还 (1)、	11	70
日本語	少し (12)、あまり (10)、まことに (8)、大層 (6)、はなはだ (5)、一番 (3)、実に (3)、非常に (3)、よほど (3)、ごく (2)、まったく (1)、あんまり (1)、ことさら (1)、しごく (1)、それほど (1)、そんなに (1)、ちょうど (1)、もすこし[4] (1)、よく (1)、	19	64

---

[4] も少し：日本国語大辞典　第二版⑫ p.1279 に【副】さらに少し数量を加えたり、同じ状態を続けたりするさまを表わす語。

少々」の意で、望ましくないことについていうことが多く、後に続く動詞
や形容詞は消極的・否定的な意味のものが多い。

　10）我有点儿乏了 / 私は少し疲れました　p.225

　程度を極限的に限定する特殊な程度副詞とみなす（工藤 1983）「ちょ
うど」が 1 例見られる。

　11）正合式 / 丁度好い工合ひです　p.162

　その他、工藤（1983）で述べている過渡的な副詞「まことに」「実に」「まっ
たく」「そんなに」のような表現が多くみられる。
　『実用日清会話独修』において、中国語の程度副詞は 4 例が動詞を修飾し、
1 例が助動詞 " 可以 " とともに使用されている。

　12）真可以 / 誠に宜いです　p.164

　" 真 " は「実に、確かに」の意で、" 真可以 " は非常に口語的な表現で、
書き言葉には使用されない。
　日本語は 11 例が動詞を修飾し、1 例が副助詞の「ばかり」とともに使
用されている。

　13）会说一点儿 / 少し許（ばか）りは話せます　p.203

7.『日清会話独習』における程度副詞

　『日清会話独習』は山岸辰蔵編、1904 年に出版された縦書きの会話書で、
各頁が上下に分けられ、上下ともに上の部分が日本語、下の部分が中国語

となっており、「序」には当時大坂[5]外国語学校に教鞭を執っている汪松坪氏の下で4年間清語を学習し、その後「幸に実地に就て自然に修得したるもの尠なからず」と記述している。この会話書は日本語の漢字にふりがなが振られ、漢字ひらがな混り文で印字されており、中国語には発音のためのカタカナが振られている。第七編の「会話」に見られる程度副詞を【表5】に示す。

【表5】に示すように、日本語の延べ語数と異なり語数はともに中国語を上回っている。

『日清会話独習』における中国語の程度副詞は形容詞のほか、5例が動詞を修飾している。日本語の方は、7例が動詞を修飾し、名詞を修飾する例文が1例見られる。

14）これが最も近道であります／这是顶抄近的道儿　p.169

【表5】『日清会話独習』における程度副詞

	見出し語	異なり語数	延べ語数
日本語	実に（12）、非常に（10）、はなはだ（6）、あまり（4）、まことに（4）、大変（3）、よほど（3）、一番（2）、ずいぶん（2）、すこしく（2）、大層（2）、格別[6]に（1）、少し（1）、すこぶる（1）、そんなに（1）、なかなか（1）、まったく（1）、最も（1）、	18	57
中国語	很／狠[7]（31）、太（4）、顶（4）、好（2）、格外（1）、最（1）、不很（1）、实在（1）、极（1）、	9	46

---

[5]　原文のまま
[6]　格別：日本国語大辞典　第二版③p.460に□【副】度合いが普通よりはなはだしい意を表わす。
[7]　1点の会話書に"狠"と"很"が同時に見られる場合"狠／很"と示す。

例文 14)の「近道」は名詞であるが、「近い」という属性を持っているため、また、「近い」―「遠い」が連続的で相対的であるため、程度性の尺度が内包されており、「最も」によって修飾されることに抵抗はない。一方、中国語文の"抄近"は「動詞＋形容詞」の組み合わせで、"抄"は「近寄る」を意味し程度性が含まれる動詞ではない。よって、"顶"は"抄近"を修飾できると言いがたく、非文であると思われる。

「格別に」が副詞として程度の大きいことを表している例文が見られる。

15) 代価は<u>格別に</u>安いのです / 价钱<u>格外</u>公道　p.186

8.『日清会話』における程度副詞

『日清会話』は粕谷元編、1905 年に発行された横書きの会話書で、各頁の左部分が日本語、右部分が中国語となっており、左開きで製本されている。「序」がないため、著者の中国語との関わりが確認しがたいが、表紙によれば当時陸軍大尉である。本文の日本語には振り仮名がなく、中国語にはカタカナで発音が表記してある。89 頁の「短句」から 149 頁の「軍事」まで（最終頁 173 頁）の程度副詞を【表 6】に示す。

【表 6】『日清会話』における程度副詞

	見出し語	異なり語数	延べ語数
日本語	大変 (11)、少し (9)、あまり (8)、はなはだ (5)、一番 (3)、最も (2)、よく (2)、よほど (2)、わりあい (2)、大分 (1)、もっと (1)、まことに (1)、	12	47
中国語	狠 / 很 (13)、太 (8)、好 (4)、最 (4)、过于 (2)、更 (1)、真 (1)、顶 (1)、	8	34

【表6】に示すように、この会話書は、「大変」が最も多く使用されるのに対して、「大層」を使用した例文がない。松井（1977）によると、近代口語文において「たいそう」は「たいへん」に押され、用例数上も、明治(3)期（1895〜1909）には既に「たいへん」が「たいそう」に勝る状況であると述べている。【表6】はまさにその状況を示している。

『日清会話独習』において3例が動詞を修飾している中国語程度副詞に対して、日本語の方は、10例が動詞、5例が名詞、1例が副詞を修飾しており、使用バリエーションの豊富さが窺える。

9. 『日清会話語言類集』における程度副詞

『日清会話語言類集』は1905年に発行された縦書きの会話書であり、上の部分が中国語、下の部分が日本語で、著者である金島苔水は当時朝鮮語と中国語の学習書を多数出版しているが、植田（2014）は、それらの著書は内容の正確さより売れ行きが重要であったと指摘している。この会話書は中国語表現に児化音や俗語が使用され、北京語の口語の特徴が反映された会話書だと考えられる。本文には発音を示すカタカナと振り仮名の両方が印字され、カタカナ表記を使用している。「第一編」と「第二編」に見られる程度副詞を【表7】に示す。

【表7】に示すように、延べ語数は中国語の方が少し多く見られるが、異なり語数については日本語の方がはるかに多い。

同じく圧倒的に多い"很"に次いで、"実在"が多く見られる。"実在"は「確かに、ほんとうに」の意で、「実に」と対応している例文がほとんどである。

16) 那个老先生实在穷 / アノ老先生ハ、實ニ貧窮ダ　p.15

その他の会話書に比べ、"不大, 不很"のような部分否定の表現が使用

第5章　近代中国語会話書における程度副詞の日中対照研究　　113

【表7】『日清会話語言類集』における程度副詞

	見出し語	異なり語数	延べ語数
中国語	很（62）、実在（21）、頂（16）、太（14）、不大（3）、最（2）、不很（2）、过于（2）、非常（2）、格外（1）、更（1）、再（1）、有点儿（1）、	13	128
日本語	実に（20）、あまり（13）、ごく（12）、まことに（12）、よほど（9）、一番（8）、少し（8）、非常に（6）、そんなに（5）、大層（4）、大変（3）、はなはだ（3）、しごく（2）、よく（2）、最も（2）、極めて（1）、相当（1）、めっそう（1）、もっと（1）、ことさら（1）、もすこし（1）、まったく（1）、	22	116

されており、中国語における口語表現が再現できていると考えられる。

　17) 可是打日本运来的东西做得<u>不很好</u> / 而（シカ）シ日本カラ来タ品ハ、
　　　造リ方ガ<u>餘リ</u>好クナイ　p.28
　18)　我的小刀儿<u>不大</u>快 / 私ノ小刀ハ、<u>能ク</u>切レヌ　p.36

　「実に」が多く使用されているのは"実在"に影響されていると考えられ、『日清会話語言類集』は中国語文を日本語文に訳した会話書であると推測される。また、日本語訳文とは言え、日本語表現が制限されているとは考えがたい程、日本語の程度副詞のバリエーションは豊富である。
　この会話書において中国語の程度副詞は128例中、17例が動詞、1例が助動詞を修飾している。日本語の程度副詞は21例が動詞、3例が名詞を修飾している。「見頃」「過ち」のような程度尺度が内包しているものの他、「才物」のような名詞が見られる。

　19) 那将领是个有才干的人 / アノ、将校ハ、<u>余程</u>ノ、才物ダ　p.321

114

　これに関して、工藤（1983）でも言及されている。「（名詞が）程度副詞と組み合わさる中で、臨時的とはいえ、性質状態の面が表面化し、いわば形容詞化するという現象」がこれに当たる。

10.　近代中国語会話書における程度副詞

　本調査における明治後期に出版された日本語の会話文が現れている中国語会話書6点に見られる日中の程度副詞の出現頻度を【表8】に示す。

　【表8】に示すように、程度副詞を使用している例文数は日中の差が見られないが、異なり語数は日本語の方が上回っており、これは、時（2009）の中国語の程度副詞は副詞同士の共起や量的語句との共起によりバリエーションに富んでいるのに対して日本語の多くの程度表現は強い排他性があるため、他の程度副詞との共起は考えられないという指摘の裏付けとなるのではないかと考えられる。そうすると、共起することにより程度を表現できる中国語の程度副詞の異なり語数が共起することが難しい日本語の程度副詞より少ないのは首肯できる。但し、本章における中国語文を見ると、量的語句である"（一）点儿"との共起が5例[8]と副詞同士の共起が1例[9]が見られ、共起による程度表現の使用が多いとは言いがたく、このような

【表8】本調査における日中程度副詞の出現頻度

	異なり語数	延べ語数
中国語	25	395
日本語	38	388

---

[8] 例文9)の"稍微"のほか、"再"との共起が4例見られ、5例とも松永清編『日清会話篇』からの例文である。

[9] 実在很賤的／實（ホント）に大変安イ物デ御座イマス　『日清会話篇』p.185

程度性と量性の調和を図るための程度副詞の共起による使用は学習難易度が高い文法項目であると考えられる。

また、日本語の程度副詞は形容詞、動詞の他、名詞をも修飾しているのに対して、中国語の程度副詞は名詞を修飾している例文が見られない。これは、修飾されている日本語の名詞には程度尺度が内包されており、中国語の表現にはこのようなものがないためである。

さらに、本調査に見る日中の程度副詞の例文数の順位を【表9】に示す。

【表9】に示すように、中国語の1位"很/狠"の用例数は198例と非常に多く使用されており、本章に見られる用例数全体の5割を超える。それは、"很"という副詞が程度副詞という枠内に止まらず、単音節の形容詞に含まれた状態性や、音声的に安定させる働きを持っているためであろう。つまり、"很"は単音節形容詞を修飾するだけではなく、安定させる働きもしている。実際、例文のほとんどが単音節形容詞とともに見られ

【表9】本調査に見る日中程度副詞の数

順位	中国語	用例数	日本語	用例数
1	很 / 狠	198	あまり	47
2	太	67	たいへん	39
3	頂	35	実に	36
4	実在	23	ごく	31
5	好	10	少し	31
6	最	10	まことに	27
7	更	7	はなはだ	23
8	不很	6	よほど	22
9	再	5	非常に	21
10	过于	5	一番	20

ており、"很"を外すわけにはいかないが、"很"を除くと、中国語における程度副詞の出現頻度は日本語に及ばないことになる。

　また、中国語の程度副詞は単音節表現が多用されていることが目立つ。会話文であるがゆえに、なるべく簡略にした表現を使用しがちなのは納得できる。

　「あまり」は否定と共起した表現が11例見られ、その他36例は程度の大きいことを表すものである。これは市村（2016）で調査した2015年9月20日の『現代日本語書き言葉均衡コーパス』とは大きく異なる。それは市村（2016）の調査で「実に」「少し」「まことに」「一番」のような文脈によっては程度副詞の働きをしない表現が調査対象にされていないのも理由として挙げられるが、他にも明治後期には「とても」がまだ程度副詞として使用されていないことが挙げられる。また、2015年には「非常に」が2位を占めるのに対して、本調査の資料に見られる「非常に」は多く使用されているとは言えない。「たいへん」に関してはこの時期から多く使用され、それが今に至っている。

　程度の小さいことを表す表現として日本語の「少し」は少なからず使用されているのに対して、中国語表現の上位には見られない。それは、中国語の程度の小さいことを表す"有点儿"は望ましくないことについていうことが多く、マイナスのイメージを与えるため多く使用することに抵抗があるためと推測できる。

11．おわりに

　本章では、明治後期の近代中国語会話書を資料に日中両言語における程度副詞の対照研究を試みた。中国語の言語資料として、「近代」とは言い難く、現代中国語への変遷がほぼ完了していると考えられるが、近代日本語の資料として、その価値は認めるべきであろう。中国語を訳すということに制限され、多少影響を受けているところはあるものの、日本語文を中

国語文に訳したと考えられるものには近代日本語の資料としてより多くの研究で取り上げることには意義があると考えられる。

第6章　近代中国語関係書とその和訳書における
　　　　程度表現

1. はじめに

　近代日本の中国語関係書は中国語文のみのものもあれば、日本語訳文を
掲げるものもある。また、日本人により編纂されたものもあれば、中国人
により編纂されたものもある。その中で、日本語訳文も掲げるものは日本
人著者のものがほとんどで、中国人著者によるものは中国語文のみのもの
が多く、当時の中国語教科書として広く用いられるものに関しては和訳版
が出版されているものが多い。本章では、近代日本の中国語関係書におけ
る中国語とそれらの和訳書における日本語を調査資料に当時の程度表現に
ついて考察する。

2. 日本語訳文を掲げる中国語会話書における程度副詞の出現頻度

　まず、明治後期に出版された日本語訳文も掲げる会話書6点における
程度副詞の出現状況を【表1】に示す。
　【表1】に示すように、これらの会話書の著者は日本人であり、中国語
と日本語の程度副詞の使用は会話書によって多少差が見られるが、全体的
に大きな差は見られない。これらの会話書の中国語と日本語の配置に決
まった傾向はなく、左右・上下の配置だけでは日中両言語のどちらが会話
文の作成にあたって先行したかについて決めがたいが、会話文の内容から

【表1】明治後期の中国語会話書における程度副詞の出現頻度

No.	会話書	著者	出版年	中国語	日本語
1	『速成日清会話独修』	鹿島修正	1902 年	47	29
2	『日清会話篇』	松永清	1903 年	68	74
3	『実用日清会話独修』	鈴木雲峰	1904 年	70	64
4	『日清会話独習』	山岸辰蔵	1904 年	46	57
5	『日清会話』	粕谷元	1905 年	34	47
6	『日清会話語言類集』	金島苔水	1905 年	128	116
計				395	388

お互い影響されていないとは言い切れない部分があるようである。

　そこで、本章では、中国語文のみの中国語関係書とその和訳書、及び当時の中国人留学生向けの日本語学習書を調査資料に当時の日中両言語の程度副詞について考察していく。

3. 中国語文法書における程度副詞

　盧（2019）では、日本で刊行された中国語文法書の中で、「副詞」が見えている最初の著書は、大槻文彦の『支那文典』（1877）であると述べている。文彦の『支那文典』は日本で刊行された初めての中国語の口語文法書『文学書官話』（1869）に日本語の注解を付して出版されたものである。とはいえ、そこから「副詞」という術語が統一されたということではなく、1893 年に出版された村上秀吉の『支那文典』では「副詞」と「加重詞」を併用しており、その後の口語文法書である『清語文典』（1905 年）、

第6章　近代中国語関係書とその和訳書における程度表現　　121

『清語正規』（1906）、『支那語文法』（1908 年）、『最新言文一致支那語文典』（1912 年）、『北京官話文法・詞編』（1919 年）、『北京官話支那語文法』（1919 年）では、「副詞」という術語を使用しているものの、1921 年の『支那語語法』では「副形容詞、副動詞、打消言」を使用しており、1922 年の『支那語文法研究』では「疎状詞」という表現を使用している。

　また、副詞の下位分類に関して、『清語文典』（1905）と『北京官話文法・詞編』（1919）では「本来副詞」と「転来副詞」とに分類しており、盧（2019）によると、このような分類方法は日本文典（『小学日本文典』1874、『小学科用日本文典』1877）では既に行われ、中国語文典は中国語の副詞の性格に合わせるために、ある程度の補足と改変を行っているという。その他、意味により下位分類を行った文法書が見られ、『支那語文法』（1908）では「単純副詞」「疑問副詞」「関係副詞」に分け、「単純副詞」の下位には「分量及ヒ程度ノ副詞」という分類が見られる。『最新言文一致支那語文典』（1912）では副詞を「普通副詞」「特別副詞」「疑問副詞」に分類しており、「普通副詞」の下位には「分量及ビ程度二関スル副詞」の分類が確認される。また、「特別副詞」に分類されている表現の内訳を見ると修飾される表現の後に付くもので、今に言う「程度補語」に当たるものがほとんどである。

　このように、近代日本で出版された文法書では「程度副詞」という副詞の下位分類が見られておらず、程度を表すものは分量を表すものと同一枠に分類される場合が多いことが窺える。1924 年に出版された《新著国語文法》は中国最初の本格的な口語文法書と言われているが、副詞を「時間の副詞」「場所の副詞」「性態の副詞」「数量の副詞」「否定の副詞」「疑問の副詞」と六大別しており、「数量の副詞」の下位分類に「程度に関するもの」が置かれている。また、《新著国語文法》はさらに「程度に関するもの」を四項目に分けているが、そこに分類されているものはすべてが今に言う「程度副詞」に当たるものとは限らないように思われる。

4. 本章における程度副詞

　第3節で述べているように、近代日本で出版された文法書では「程度副詞」という分類がまだ見られていない。そこで、本章で分析対象とする程度副詞は、日本語は工藤（1983）と飛田・浅田（2018）を参考に、中国語は王力（1954）、周小兵（1995）、太田（2013）[1]を参考に取り出す。また、中国語の程度副詞の日本語意味に関しては『中日辞典第3版』(2016)を参考にする。さらに、中国語においては程度副詞の他、程度副詞と共起しながら修飾される表現の後に付く程度補語をも分析対象とする。そのため、中国語に関しては「程度副詞」と「程度補語」を合わせて「程度表現」と称する場合もある。

5. 中国語会話書とその和訳書における程度表現

5.1　『官話指南』と『官話指南総訳』における程度表現

　『官話指南』は1882年に呉啓太・鄭永邦の共編により、楊龍太郎を出版人として出版され、巻之一「応対須知」・巻之二「官商吐属」・巻之三「使令通話」・巻之四「官話問答」の四巻一冊からなる。『官話指南』は長年にわたり日本人や欧米人に使用されてきた中国語学習用の教科書であったとされている（氷野2010）。

　『官話指南総訳』は、『官話指南』の訳述書であり、呉泰寿により和訳され、1905年に出版された。

　本節では、『官話指南』における中国語の程度表現と『官話指南総訳』における日本語の程度副詞について考察する。

　『官話指南』において程度に関する中国語表現が見られる用例数は239

---

[1] 『中国語歴史文法』は朋友書店により2013年に再版したものを参考にする。

【表2】『官話指南』と『官話指南総訳』における程度表現

		見出し語	異なり語数	延べ語数
中国語『官話指南』	程度副詞	很（92），太（27），更（14），有（一）点儿（7），不甚（6），最（4），至（3），真（3），甚（3），大（3），実在（3），頂（3），略（2），極（2），过于（2），颇（2），好（1），十分（1），不大（1），尤（1），可（1），过加（1），还（1）	23	183
	程度補語	（一）点儿（14），的（得）很（14），极了（8），了不得（3），些儿（2）	5	41
	共起パターン	実在＋得（的）很（9），更＋极了（1），実在＋太（1），略＋一点儿（1），稍微＋一点儿（1），太＋些（1），不大＋很（1）	7	15
	計		35	239
日本語『官話指南総訳』	程度副詞	すこし（31），至極（30），全く（30），あまり（25），大層（18），非常に（17），真に（14），甚だ（14），実に（11），頗る（8），十分（に）（7），一寸（6），最も（6），おおいに（4），さらに（4），一層（3），極（3），あまりに（3），至って（2），多少（2），なお（2），稍（2），よく（2），聊か（1），一番（1），大へん（1），格別（1），かなり（1），少々（1），すこしく（1），そんなに（1），なおさら（1），ほんの少し（1），もうすこし（1），稍少し（1），割合に（1）	36	257

例であり、異なり語数は 35 語である。【表 2】のように「程度副詞」に当たる表現が 23 語、「程度補語」に当たる表現が 5 語見られ、「程度副詞」と「程度補語」が共起して程度を表すものが 7 パターン見られる。『官話指南総訳』における程度副詞が用いられる用例数は 257 例見られ、異なり語数は 36 語である。

　中国語の程度表現の共起パターンを見ると、程度が大きいことを表す「程度副詞」と「程度補語」との共起パターン、小さいことを表すものの共起パターン、程度が大きいことを表す表現と小さいことを表す表現が共起するパターンの 3 つのパターンが見られる。これらのパターンは修飾される表現を間に挟んで用いられているが、その他「程度副詞」と「程度副詞」とがともに使用される "不大很" が以下のように 1 例見られる。"不大" は部分否定の程度表現で、程度の小さいことを表し、"很" は「とても」に対応する程度の大きいことを表す表現である。

1）您还<u>不大很</u>信〔汝は猶餘り信じられ<u>な</u>かつた〕p.66[2]

　例文 1）のように "不大很" は「あまり～ない」と対応しており、"很"が翻訳されていないように見られるが、この表現は現代中国語においては極めて異常であり、非文である可能性も否めない。しかし、内田（2012）では、"不大很" について次のように述べている。

　私たちが西洋人の中国語資料を研究する際、時折非常に奇妙な中国語に遭遇することがある。例えば「您还不大很信[3]（『官话指南』）」のような言葉である。このような語句を見ると、すぐ誤りと判断し、外国

---

[2]　本章の第 5 節で使用される資料は中国語文のみの会話書とその和訳書であるため、頁数は一致していない。例文の出典を中国語会話書の頁数のみ記す。

[3]　原文には「您还不很信（『官话指南』）」と記載されているが、文脈からみると "您还不大很信" について述べているようであるため、筆者により改める。

人にありがちな"洋泾浜汉语"と考えてしまうが、さらに資料調査をすると、より多くの例文を見つけることができる、(筆者訳)

(我们研究西洋人的汉语资料的时候、有时碰到相当奇妙的汉语、比方说"您还不大很信"(《官话指南》)。我们一看这样的句子、就觉得这句话是不对的、认为是外国人的"洋泾浜汉语"、但是仔细查资料、我们可以发现很多例子、(略))

　内田（2012）ではさらに、日本人により作成された中国語関係書から8例同じく"不大很"を使用した例文を列挙し、中国人による作品からも3例抽出している。つまり、多少違和感はあるものの、"不大很"は正しい表現と認めざるを得ない。

　"不大"と"很"が共起可能となっているのは、"很"が程度を表す以外「単音節の形容詞に含まれた状態性を安定させるという働きを有している」(時2009) ためであると考えられる。例文1) で修飾される表現は「信じる」という動詞であるが、「安定させる働き」に変わりがないように思われ、"很"を同じく程度の大きいことを表す表現である"太,极"などに置き換えることができないのも、"很"が副詞以外の機能を持っていることを示唆している。

　このように"很"と共起している"不大"を程度副詞として扱うことに議論は生じないであろうが、"大"を程度副詞に分類することに異論があるという立場が一般的であろう。実際のところ、現代中国語の文法書において「程度副詞」の項目に"大"を例として挙げるものは管見の限り見当たらないが、辞書における"大"の意味解釈には形容詞と名詞以外に副詞も見られる。『官話指南』においては以下のように使用されており、「おおいに」と対応している。

2) 現在倒大好了 / 今は大ひに好くなられたのですか p.21

『官話指南総訳』における程度副詞はほとんどが単独で用いられているが、以下のように同一文で二つの表現がともに用いられるものが見られる。

3）この数日間稍少し閑になりました / 这几日稍微的渐消停一点儿 p.48

「稍」も「少し」も程度の小さいことを表す表現であるため、強調する意で共に使用されるのは許容範囲内に思われ、また、中国語文においても程度の小さいことを表す「程度副詞」の"稍微"と「程度補語」の"一点儿"が見られるため、それに対応しようとする意図が推測される。
　その他、共起して使用されていると思われる文が以下のように３例見られる。

4）公使閣下は実に御謙遜に過ぎます / 大人実在是太谦了 p.27
5）閣下は餘りに御誉め過ぎです / 大人実在是过加奖誉了　p.32
6）老兄は餘り御謙遜に過ぎます / 老兄太谦了　p.45

　例文4）と例文5）は中国語文の共起する表現に対応するために「実に」「あまりに」と「〜過ぎる」とを共に使用したとも見られるが、例文6）は"太"の程度の甚だしいニュアンスを「あまり〜に過ぎる」で表している。

　『官話指南』における中国語の程度表現と『官話指南総訳』における日本語の程度副詞の上位順位10位を【表3】に示す。
　【表3】に示す中国語表現の10位は6語（順位1,2,4,8,9,10）が今にいう「程度副詞」に当たるもので、3語（順位3,5,7）が今にいう「程度補語」に当たるものであるが、これらの表現はかなり口語的なもので本章の冒頭で述べている日本語訳文が付されている会話書には多く使用されていない。また、順位6の"実在＋得（的）很"は程度の大きいことを表す「程度副詞」と「程度補語」を組み合わせたものである。冒頭の会話書で

【表3】『官話指南』と『官話指南総訳』における程度表現の数

順位	中国語	用例数	日本語	用例数
1	很	92	すこし	31
2	太	27	至極	30
3	（一）点儿	14	全く	30
4	更	14	あまり	25
5	的（得）很	14	大層	18
6	実在＋得（的）很	9	非常に	17
7	极了	8	真に	14
8	有（一）点儿	7	甚だ	14
9	不甚	6	実に	11
10	最	4	頗る	8

は395例の中で、共起するパターンは5例のみ見られる。

　日本語の「全く」は30文見られ、3位を占めているが、その他の日本語の副詞が中国語で対応する表現があるものとは異なり、『官話指南』の中国語で「全く」に対応するものは以下の例文のように程度表現ではないものが少なくない。

7）此事は<u>全く</u>君の尽力に預かるのです / 此事<u>全</u>仗老兄为力了 p.49

8）私も<u>全く</u>不案内なものですから / 我也是<u>一概</u>茫然 p.47

9）私は<u>全く</u>読めない / 我<u>简直的</u>不认得 p.15

10）私は全く失念して居ました / 小的是真忘<u>死</u>了 p.4

11）<u>全く</u>此事です / 是这么件事 p.75

12）此れは<u>全く</u>僥倖に過ぎないので御座います／这不过侥幸如此就是了
p.46

　例文 7）から例文 10）までの中国語文では、程度副詞に当たるものは
ないが、「全部」「完全に」などニュアンスが伝わる表現が使用されている
が、例文 11）と例文 12）のように中国語文に「全く」と対応する表現が
見られない文が数多く見られる。
　また、「大層」が多く使用されていることに注目したい。『官話指南総訳』
において「大へん」が見られるが、1 例のみである。松井（1977）によ
ると、近代口語文において「たいそう」は「たいへん」に押され、用例数上も、
明治（3）期（1895 ～ 1909）には既に「たいへん」が「たいそう」に勝
る状況であると述べているが、『官話指南総訳』ではこのような傾向が見
られない。

5.2 　『官話急就篇』と『官話急就篇詳訳』における程度副詞

　宮島大八が編纂した『官話急就篇』（1904）は明治から大正にかけての
ベストセラーテキストといわれている（古市 2013）。『官話急就篇』が刊
行された 1904 年には『官話指南』をはじめ、教科書として使われている
中国語関係書はすでに数多く出版されていたが、それらの教科書の内容は
ややレベルの高いもので初心者向けではなかった。そこで、『官話急就篇』
が初心者向けに作られたといわれるが、『官話指南』と異なり、発音、四声、
語法などに関する内容が記述されており、一問一答の会話場面 102 場面
で構成される「問答之上」と、二問二答以上の会話場面 152 場面で構成
される「問答之下」が収録されている。本章では「問答之上」と「問答之
下」における会話文に見られる程度表現を考察する。
　『官話急就篇』の和訳版は 3 種類あるが、本章では大橋末彦により和訳
された『官話急就篇詳訳』（1917）を『官話急就篇』と対照する資料とする。
　『官話急就篇』において程度に関する表現が見られる用例数は 43 例で

第 6 章　近代中国語関係書とその和訳書における程度表現　　　129

【表 4】『官話急就篇』と『官話急就篇詳訳』における程度表現

		見出し語	異なり語数	延べ語数
中国語 『官話急就篇』	程度副詞	很 (10)，太 (7)，有点儿 (4)，真 (2)，不很 (2)，実在 (2)，好 (1)，更 (1)，多 (1)，大 (1)，不大 (1)，頂 (1)	12	33
	程度補語	(一) 点儿 (7)，极了 (2)	2	9
	共起パターン	不大 + 很 (1)	1	1
		計	15	43
日本語 『官話急就篇詳訳』	程度副詞	あまり (8)，少し (7)，大層 (5)，一寸 (3)，甚だ (3)，極 (2)，左程 (2)，至極 (2)，実に (2)，少々 (2)，多少 (2)，誠に (2)，あまりに (1)，一番 (1)，充分 (1)，随分 (1)，そんなに (1)，大して (1)，なおさら (1)，本当に (1)，ほんとに (1)	21	49

あり、異なり語数は 15 語である。【表 4】のように「程度副詞」に当たる
表現が 12 語、「程度補語」に当たる表現が 2 語見られ、2 つの程度表現
がともに使われるものが 1 例見られる。『官話急就篇詳訳』における程度
副詞が用いられる用例数は 49 例で、異なり語数は 21 語見られる。

　『官話指南』とは異なり、修飾される表現の後に付く「程度補語」は"(一)
点儿"，"极了"の 2 種類のみであり、共起パターンも程度補語との共起
パターンではなく、以下のように例文 1) と同じく"不大"と"很"がと
もに使用されているパターンである。

【表5】『官話急就篇』と『官話急就篇詳訳』における程度表現の数

順位	中国語	用例数	日本語	用例数
1	很	10	あまり	8
2	（一）点儿	7	すこし	7
3	太	7	大層	5
4	有点儿	4	一寸	3
5	真	2	甚だ	3
6	不很	2	極	2
7	实在	2	左程	2
8	极了	2	至極	2
9	好	1	実に	2
10	更	1	少々	2

13）不大很忙 / 餘り / 大して / 左程忙がしくありません　p.36

　このように、初心者向けの初級レベルの教科書であることは複雑な程度表現の使用がほとんどないところからも窺われる。

　『官話急就篇』における中国語の程度表現と『官話急就篇詳訳』における日本語の程度副詞の上位順位10位を【表5】に示す。

　【表5】に示すように5位までの中国語と日本語がそれぞれ対応する表現となっており、程度表現の和訳において『官話急就篇詳訳』は『官話急就篇』を忠実に反映しているように見える。また、「大層」が3位で5例見られるが、『官話急就篇詳訳』では「大変」が用いられていない。

6. 中国語会話書と日本語会話教科書における程度表現

6.1 『新華言集：普通官話』における中国語の程度表現

『新華言集：普通官話』（1919）の著者である張廷彦は当時中国語講師として来日し、東京帝国大学など学校で中国語を教え、20種以上の中国語教育関係書を出版し、日本における中国語教育に多大な貢献をしたといわれる。

『新華言集：普通官話』は“语言关键”，“中国时局”，“师出无名”のようなトピックに関する問答が計48トピック挙げられ、1頁約200字で150頁からなっている。

『新華言集：普通官話』において程度に関する表現が見られる用例数は100例であり、異なり語数は14語である。【表6】のように「程度副詞」に当たる表現が12語、「程度補語」に当たる表現が1語見られ、「程度副詞」

【表6】『新華言集：普通官話』における中国語の程度表現

		見出し語	異なり語数	延べ語数
中国語『新華言集：普通官話』	程度副詞	最（41），很（14），太（8），極（8），更（5），実在（5），稍（4），十分（3），甚（3），頗（1），不甚（1），不大（1）	12	94
	程度補語	得（的）很（5）	1	5
	共起パターン	実在＋極了（1）	1	1
	計		14	100

132

と「程度補語」が共起して程度を表すものが1パターン見られる。

　【表6】に示すように、『新華言集：普通官話』で一番多く使用された程度副詞は"最"であり、圧倒的に多く使用され、その他の中国語関係書とは異なる傾向が見られる。また、「程度副詞」に当たる修飾される表現の後に付くものが"得（的）很"のみであるのも、副詞の表現で小さいことを表す表現が"有点儿"ではなく"稍"が上がっているのも、『新華言集：普通官話』が日常的な問答だけではなく、比較的正式な場面での口語文が収録されていることを窺わせる。つまり、同じく口語文[4]であっても公的場面と私的場面によって程度副詞の選択には違いがあることが観察できる。

6.2　『漢訳日本語会話教科書』における日本語の程度表現

　『漢訳日本語会話教科書』（1914）の著者である松本亀次郎は宏文学院など学校で中国人留学生の日本語教育に生涯を捧げ、中国人留学生のために日本語辞典や教科書など数多く出版している。『漢訳日本語会話教科書』も数多くの教科書の中の1点で、「下宿屋」「買物ノ会話」「朝ノ会話」のような場面による会話問答49章からなっており、253頁ある学習書で、「緒言」では中国語訳文は亀次郎が北京で中国語を学習するときの師である「宗蔭先生」の協力を得ていると記述している。

　『漢訳日本語会話教科書』における日本語の程度副詞が用いられる用例数は【表7】に示すように213例見られ、異なり語数は32語である。

　『漢訳日本語会話教科書』は留学生などの中国人が日本で生活するのに必要な日常生活の場面が多く、比較的簡単な会話からなっているが、程度副詞がかなり多く使用されており、バリエーションも豊かである。

---

[4] 『新華言集：普通官話』の「三九」に「お尋ねしますが、貴国の口語体は何種類ありますか。〔我请教贵国说话的口气有几样儿呢。〕元々は問答と叙述体があって、今は新しく演説体が加わっている。〔原先就是问答。叙事。如今又新添了一门演说。〕」と記述しているが、同書において問答以外、叙述と演説と思われる文が多々見られ、叙述と演説では程度表現の使用が多くないようである。

第 6 章　近代中国語関係書とその和訳書における程度表現　　133

【表 7】『漢訳日本語会話教科書』における日本語の程度副詞

		見出し語	異なり語数	延べ語数
日本語 『漢訳日本語会話教科書』	程度副詞	一寸[5]（42），少し（39），大分（20），あまり（15），一番（9），少々（8），丁度（8），実に（6），大変（6），よく（6），そんなに（5），大層（5），大きに（4），極（4），随分（4），中々（3），誠に（3），もう少し（3），一層（2），至極（2），十分に（2），それほど（2），甚だ（2），別段（2），も少し（2），もっと（2），よほど（2），幾分（1），いやに（1），ちっとやそっと（1），特別に（1），非常に（1）	32	213

　『漢訳日本語会話教科書』は、中国語会話書の日本語和訳書と異なり、「一寸」が多く使用され 1 位を占めている。「一寸」は「擬態語＋と」形連用表現が一語化したもので、程度副詞化は中世以降に生じているとされる。「一寸」に関して、少量を表す以外、程度副詞の用法として彭（1990）では「和らげ」としての「場面的添加」であるとし、間投詞的で、潤滑油としての役割もしていると述べている。実際のところ、『漢訳日本語会話教科書』で 42 例の「一寸」の中で、少量を表すものは 8 例のみで、その他は以下の例文のように「和らげ」の働きをしている。

---

[5]『漢訳日本語会話教科書』は「一寸」と表記しているものが 40 例、「チヨット」と表記しているものが 1 例、「チット」と表記しているものが 1 例見られるが、本研究では表記を分析対象としないため、ともに「一寸」としてカウントする。

14）只今一寸停電シテ居マスガ　p.84

15）一寸御尋ネ申シマス　p.67

また、「少し」と「少々」にもこのような働きをする文が以下のように見られる。

16）まあ少し上つて御話し下さい　p.182

17）ドウゾ少々御待チ下サイ　p.83

　中国語会話書の和訳書でもこのような「和らげ」の「少々」や「少し」は見られるが、多く使用されているとは言えない。このような「和らげ」の働きをする副詞は日本語の特徴としても挙げられ、和訳書は原文にとらわれ程度副詞の使用頻度の上位には見られていないと考えられる。

　その他、「大分」が会話書より多く使用されており、「大層」「大変」を超えている。市村（2015）は雑誌『太陽』と『明六雑誌』を調査資料に近代の程度副詞について調査しているが、口語において「大分」は「大層」「大変」と同じく多く使われており、話し言葉としての性質が強いと述べている。しかし、中国語会話書の和訳書では「大分」より「大層」を選択する傾向が強いようで、「大分」が多く使用されているとは言い難い。

7．おわりに

　本章では、明治から大正にかけて日本で出版された中国語関係書を調査資料に当時の日中両言語の程度表現について考察してきた。

　会話書について、当時の中国語教科書として広く使用された『官話指南』とその和訳書である『官話指南総訳』と、初級レベル向けの『官話急就篇』

とその和訳書である『官話急就篇詳訳』とを調査資料に、日中両言語の程度表現を対照分析し、中国語の口語の程度副詞はレベルが上がるとともに、程度補語の使用や程度副詞と程度補語とが共起した用例が多くなることが観察できた。本章の調査対象である中国語会話書は日本語訳が付されている会話書とは異なり、中国語が先行するものであることは確かで、冒頭で紹介した会話書とは程度副詞の使用に異なる傾向が見えるものの、扱った関係書が2種類のみであったため、著者本人の習慣により生じた違いではないと言い切れない。また、叙述や演説体を取り入れた『新華言集：普通官話』との比較により、公的場面での口語は程度補語の使用や共起した用例が多くないことが明らかになったものの、1点のみであったため、より多くの関係書を調査資料になお追究の余地があるように思われる。

　中国語会話書の和訳書における日本語の程度副詞と当時の日本語学習書との比較を通じて、日本語特有の表現習慣が翻訳ということにとらわれ、和訳書における日本語の程度副詞が少々異なる傾向を示しているようであるが、これについては慎重を期してさらなる調査を試みたいと思う。

第四部

　第四部では移動表現に関する日中対照分析を行う。

　第7章では主体移動表現を『華語跬歩』と『華語跬歩総訳』を調査資料として「問答」という場面の会話文を分析対象に、同じ場面における日中両言語の主体移動に関する表現や表現パターンを分析する。

　第8章では客体移動表現を『華語跬歩』と『華語跬歩総訳　改訂』のほか、『官話指南』とその和訳版である『官話指南総訳』の「使令通話」を調査資料として加え、同じ場面における日中両言語の客体移動に関する表現や表現パターンを随伴運搬型、継続操作型、開始時起動型の3つの種類に分けて分析する。

第7章　近代中国語会話書における
　　　主体移動表現の日中対照研究

1. はじめに

　Talmy（2000）は、移動事象について日本語のような経路情報が主動詞で表される言語を動詞枠付け言語（verb-framed language）と、英語のような様態が主動詞で表される言語をサテライト枠付け言語（satellite-framed language）との2つの主要なタイプに分類している。Talmy（2000）はまた、中国語を英語と同様サテライト枠付け言語分類しているが、Slobin（2004）は、中国語は経路を表す動詞と様態を表す動詞が同等の地位を占める動詞連続構文を持つゆえ、等位枠付け言語（equipollently-frame language）という3つ目の類型を提案している。

　このように、類型論的には異なるタイプの言語ではあるが、同一の移動事態を表現するにあたり、「様態」「経路」「直示」の情報が競合することなく表現できる（小嶋 2019）という面では、日本語と中国語は同じタイプの言語と見做すことができる。

　そこで、本章では主語が自らの意志で移動する事象と無生物主語が主語となる移動事象を併せて主体移動事象とし、その事象の発生に伴う主体移動表現における日中両言語の対照研究を行う。

2. 先行研究

松本（2016）は「日本語歴史コーパス」を用いて古代語の移動動詞とともに使われる格助詞「より」と「を」を調査し、これらが「起点」と「経路」のどちらを表すかは動詞の意味的特徴によって決まるとし、移動動詞を4つのグループに分類している。

松本（2017b）は、日本語の移動表現をタイプごとに検討し、大規模コーパスに基づく数量的分析を報告している。その中で、主体移動に関しては「現代日本語書き言葉均衡コーパス・モニター公開版（2009年度）」で、生年が1940年代の著者のデータから選びだした882例を分析対象に、様態、経路、ダイクシスの表現頻度及び経路とダイクシスがどの位置で表現されることが多いかについて考察している。

LAMARRE（2017）は、中国語の経路を表す表現の全体像を紹介し、経路句・移動の参照点を表す場所名詞句が動詞の前と後という二つの位置に現れる要因について論じている。また、LAMARRE（2017）で用いたコーパスは5部の文学作品と1部のテレビドラマで、文学作品は老舎（1899－1966）著の《骆驼祥子》を除き、著者の生年は1930年代から1950年代であり、テレビドラマは2003年の作品である。

Shi&Wu（2014）は、中国語を古代中国語（Old Chinese：1世紀以前）、中世中国語（Middle Chinese：2世紀から6世紀まで）、前近代中国語（Pre-Modern Chinese：7世紀から19世紀まで）、現代中国語（Modern Chinese：清末から現在まで）の4つの時代別のテキストから「物語性のあるもの、特に話し言葉のもの（we only selected narrative ones, particularly those of spoken mode）」を180例ずつ選びだし考察することを通じ、「中国語は動詞枠付け言語からサテライト枠付け言語へと類型的に移行している（Chinese has been undergoing a typological shift from a verb-framed language to a satellite-framed language）」とし、

「現代中国語は、典型的な動詞枠付け言語とも、典型的なサテライト枠付け言語とも異なる多様なパターンを用いて運動事象を表現する（Modern Chinese adopts diverse patterns to encode motion events, which are different from both typical verb-framed languages and typical satellite-framed languages)」と述べている。Shi&Wu（2014）で用いた前近代中国語の資料は南宋から元末まで（1127 - 1368）のもので、現代中国語の資料については明示していないが、1968年以降のものであると推測される。

3. 調査資料

　本章では、明治36（1903）年に出版された『華語跬歩』と明治37（1904）年に出版された『華語跬歩総訳』を調査資料として「問答」という場面の会話文を分析対象に主体移動を表現する文を抽出し、同じ場面における日中両言語の主体移動に関する表現や表現パターンを分析する。

　御幡雅文（1859 - 1912）が著した『華語跬歩』[1]は上海にあった日清貿易研究所[2]や東亜同文書院[3]で用いられた中国語の教科書である（石田2013）。『華語跬歩』は単語部分、短文（語句）部分、会話部分の三つの部分により構成され、本章の対象となる部分は会話部分である。会話部分は日常会話の「家常問答」50章と立場や職業に応じた受け答えを教える「接見問答」30章からなっており、いずれも解説や訳文は付されていない。

　伴直之助[4]（1862 - 1937）編『華語跬歩総訳』は『華語跬歩』の訳本で、

---

[1] 石田（2013）によると、『華語跬歩』は三十年あまりの長きに渡って改訂されながら刊行されていたという。

[2] 1890年から1893年にかけて清国上海に存在した日本の教育機関。

[3] 東亜同文会が1901年上海に設立した学校で、日本の中国進出のための中堅幹部を養成する機能を担っていた。1921年専門学校，1939年大学となり、商務科（一時農工・政治科も設置）を置くが第2次大戦後廃止される。卒業生約5000名。

[4] 日本の実業家、政治家、衆議院議員（1期）。

142

自序に「本書の翻訳に際し（中略）京都清語講習所講師北京人任文毅君も、亦た少なからざる厚意を寄せられたり、茲に謝意を告白す」と記しており、翻訳する際、ネイティブスピーカーへの確認等があったと思われる。

『華語跬歩』から選び出した中国語文 478 例と『華語跬歩総訳』から選び出した日本語文 448 例を分析対象に近代の会話文における日中両言語の主体移動表現を考察する。

4．移動に関わる各表現

日本語と中国語の主体移動を表す動詞として、「登る」－"登"、「入る」－"進"のような移動の経路情報を持つ「経路動詞」、「歩く」－"走"、「走る」－"跑"のような移動の様態情報を持つ「様態動詞」、「行く」－"去"、「来る」－"来"のような話者を基準点として移動を捉える「直示動詞」が存在していることは共通している。また、同一の移動事態を表現するにあたり、これらの動詞の表す情報が競合することなく表現できる同じタイプの言語である。

さらに、「部屋の中」の「中」、"城外"の"外"のような参照物との位置関係を表す位置表現が日中両言語に共に用いられている。

一方、日本語においては「から」「まで」「に」「へ」「を」「より」など経路後置詞を使用するのに対して、中国語においては介詞"从（から）"，"往（へ）"など前置詞で移動の起点や方向を表す。

5．『華語跬歩』における移動表現

5.1　移動動詞
5.1.1　"走"について
中国語の"走"は"走進教室"のように「歩く」の意でしばしば移動における様態動詞の代表例として挙げられる。"走"の「去る」「離れる」

の意について論じる研究も見られ、"走"が様態動詞以外の働きもしているのは確かであるが、様態動詞としてではない動詞の"走"に方向性が含まれているか否かについては議論されている。

丸尾（2005）は"走"について様態移動動詞"走₁[歩く]"と方向移動動詞"走₂[去る]"との2種類に分けている。それに対して、呉（2000）は"走"について移動様態動詞の他、「ある場所を離れるという移動の意味をもっているが方向性は示されていない」と述べている。

『華語跂歩』では"走"が25例見られ、以下の例文のように様態を表す「歩く」の意で用いられるのが4例見られ、本章では"走₁"とする。

1）要下来<u>走走</u>/ 降りて<u>歩</u>こーとすれば

(接見問答第 27 章 [5])

しかし、その他の3例の日本語文は移動の主体が腕時計で、無生物主語である腕時計の針の動き具合についての描写であり、人間の移動様態に注目している会話ではない。

また、以下の例文のように「この場からいなくなる」という「去る」「離れる」の意で用いられる例文が12例見られ、本研究では"走₂"とする。

2）早就该<u>走</u>咯 / 疾に<u>往</u>かねばならんのです

(接見問答第 29 章)

これらの例文は丸尾（2005）で指摘している方向移動動詞に該当するものだと思われ、例文中にはこの場を離れたあとの目的地が記されており、"走"の経路情報が得られ、「往く」「参る」との対応が見られる。

---

[5] 本研究で使用される資料は中国語文のみの資料とその和訳版であるため、中国語文と日本語文の頁数は一致していない。例文の出典を「家常問答・接見問答」第×章のような形で示す。

さらに、以下のような例文が見られる。

3) 走宅門子 / 屋敷廻り

(接見問答第 16 章)

日本語訳文は「廻り」という表現を使用しているが、これは" 走 "の「訪問する[6]」を表す意で、目的地があることが示されており、本研究では経路動詞" 走 2"と見做す。

その他、例文 2) のような「経路」情報と例文 1) のような「様態」情報とのいずれの情報も持たない" 走 "が 8 例見られる。

4) 共走了几天 / 皆なで幾日御掛りでした

(接見問答第 27 章)

5) 不是応当走三天哪么 / 三日掛らねばならん所ですが

(接見問答第 27 章)

これらの例文は移動に所要する時間に注目し、移動の「様態」情報と移動の「経路」情報を持たない中立的な移動を表しており、本章では" 走 3"とする。

本章で見られる" 走 "を分類すると【表 1】のようになる。

【表 1】『華語踏歩』における" 走 "について

意味用法	様態動詞	経路動詞	中立移動動詞	計
用例数	4	13	8	25

---

[6] 『中日辞典第 3 版』(2016) は" 走 "を「歩く」「離れる」の外「訪問する、交際する」と解釈している。

5.1.2 "到"について

"到"について Shi&Wu (2014) は古代中国語 (Old Chinese) には見られず、中世中国語 (Middle Chinese) では「到着 (reach)」の意で経路動詞 (Path verbs) に分類されている。前近代中国語 (Pre-Modern Chinese) においても経路動詞として分類されているが「〜に行く (go to)」の意で用いられ、現代中国語 (Modern Chinese) においては経路動詞として「到着 (arrive/reach)」と記述されている。

"到"は本来「到着する」「着く」を意味するが、参照物を示す名詞句を挟み直示動詞の"去/来"と組み合わせた"到…去","到…来"によって「〜に行く」「〜に来る」を意味することができる。これについて LAMARRE (2017) は「到着より前の移動部分がプロファイルされる結果、汎用的な移動動詞に転じたと考えられる」と述べている。

Shi&Wu (2014) は中世中国語においては"到"が移動動詞として単独で使用される例文のみ見られ、「到着」と記述していると思われるが、前近代中国語の移動表現のリストを見ると、"到…来"という直示動詞との組み合わせのほか、移動動詞としての単独の使用の"到"の例文が見られるにもかかわらず、「〜に行く (go to)」と記述していることは議論の余地があるようである。

『華語跬歩』における"到"の出現頻度は 80 で、以下の例文のように"到…去","到…来"で「〜に行く」「〜に来る」を表現する例文は 37 例見られる。

6) 没到別处去 / 外の處へは参りませんでした

(家常問答第 20 章)

以下の例文のように移動動詞として単独で使用され「到着」を意味する"到"は 32 例見られる。

7）他是昨天到的 / あの人は昨日着きました

(家常問答第 44 章)

　その他、"到"が移動動詞として単独で使用されながら、「～に行く」を表す例文が以下のように見られる。

8）我们先到了店里 / 私共最初宿屋に参りましたが

(家常問答第 25 章)

9）是到几个施主家取月例银子 / はい、諸處の檀家へ月例の銭を受けに往くのです

(接見問答第 21 章)

　例文 8）9）の"到"は移動を表す主動詞であり、過去の事象 例文 8）と未来の事象 例文 9）との異なる時制を表しているが、同じく方向指向の「～に行く」の意味を表している。例文 8）では"先（まず）"によって"店（店）"に行ったあとにも出来事があることを提示しており、例文 9）では"施主家（檀家）"に行ったあとの出来事である「月例の銭を受ける」を提示している。つまり、到達を前提に移動以外の出来事が後続する場合でも単独で使用される移動動詞の"到"は"去"と同義で「～に行く」を表現することができる。

　丸尾（2005）は、"去图书馆借书（図書館に本を借りに行く）"と"到图书馆借书（図書館に行って本を借りる）"が形式的に同義になると指摘し、それは後続事項との関連において"去"は着点指向となるため、移動そのものではなく移動の結果に重点がある"到"と同義になると記述しているが、これは後続する出来事に重点を置いた解釈だと思われる。目的地に到着しないと後続する出来事が発生しないという目的地までの到着を重点に置く解釈となると、目的地に到着するための移動－つまり"到"の方向指向が際立つことになるという考えもあり得るだろう。

5.1.3 二音節動詞

『華語跬歩』に見られる移動動詞は"走","到"を含め単音節動詞が普通だが、「出発する」を意味する二音節移動動詞の"起身"が8例、"动身"が4例見られる。いずれも内部構造が「動詞＋名詞」であるが、"起"は横になる状態あるいは座る状態から立ち上がる状態になる垂直方向の移動を表す動詞であるのに対して、"动"は「身を動かす」という中立移動動詞である。共通しているのは、前項の動詞のみの部分で移動動詞として判断することは難しく、"身"が加わることによって「出発する」という経路動詞を成す点である。また、動詞と名詞で組み合わされるものであるため、間に"的"を挟む形式での使用もできる。

10）他是多咱起的身 / 車夫は、いつ天津を発つのだろー

（家常問答第35章）

11）他说他前儿个早起动的身 / 一昨日の朝、発つと申します

（家常問答第35章）

5.2 動詞以外の経路表現

5.2.1 方位詞

『華語跬歩』に見られる方位詞を用いる例文29例の内訳を【表2】に示す。

LAMARRE（2017）は、中国語の方位詞の統語的機能の重要性を示し、中国語の方位詞に関して「地名など、それ自体で場所を含意する一部の名詞を除き、移動の参照点を表す名詞が前置詞と共起する場合、必ず方位詞

【表2】『華語跬歩』における方位詞について

位置関係	「外」	「中」	「上」	「西」
方位詞	外	里	上	西
用例数	7	13	8	1

が接続される」と述べ、"里"と"上"の使用頻度の高さを指摘している。【表2】に示すように、"里"と"上"の使用頻度は比較的高いと言えるものの、方位詞を用いた例文の割合は決して高いとは言えない。また、後節で詳しく述べるが、前置詞の使用頻度も高くなく、方位詞と共起する例文もわずかである。

　以下の例文のように場所を表す名詞につき、かつ、前置詞と共起するものがある。

12）从家里来 / 宅から参りました

(接見問答第 4 章)

　日本語訳文の「宅（の中）から」の「〜の中」が省略できる点と異なり、中国語においては"里"は省略できない。これについては LAMARRE（2017）でも指摘している。その他、場所を表す名詞がなく、方位詞だけで場所を表す例文が以下のように見られる。

13）就往回里赶 / 直ぐに帰りましたが

(家常問答第 46 章)

14）他现在是出外去了 / 彼は只今外省へ出て居ります

(家常問答第 3 章)

　例文 13）は"里"を除いた"就往回赶"でも成り立ち、むしろ"里"がない方が現代中国語として自然である。これは方位詞の"里"が「音声面でストレスを受けず接語的な側面が強い（LAMARRE2017）」ため、会話文では許容範囲内にあるとも考えられるが、その他の要因もあると思われる。その点については次節で言及する。

　方位詞"外"を使用した例文は 1 例（"城外"）を除き、6 例が例文 14）のように名詞につかず、経路動詞と直示動詞の間に挟み、「外省へ行く」

意を表している。同時期の中国語関係書[7]においては"出外去"を「旅行に出る」と翻訳しており、「遠出」を意味する固定用法ではないかなお考察の余地があると思われる。

"西"については以下の例文のように「太陽が西へ沈む」という特定用法がある。

15) 老爷儿都大平西了 / 御日さんが、もー入り掛つた

(接見問答第 15 章)

5.2.2 前置詞

『華語踱歩』に見られる前置詞には起点を示す"打"、"从"と方向を示す"往"が見られる。その中で、起点を示す"打"と"从"は場所を表す名詞につき、「〜から」を表しているが、方向を示す"往"は場所名詞のほか、方位詞"里"、"外"との共起で二音節の経路情報を与えている。

16) 您若是往外去，可以升什么呢 / 若し地方へ往かることとなれば、何役に御昇進なさることが出来ます乎ね

(家常問答第 9 章)

前置詞"往"と方位詞の共起により二音節の経路成分を成すことについて、LAMARRE（2017）は北方語で多く使用され、着点指向の方向を表すとしている。そうすると、前節(148 ページ)の例文 13)においても、"里"の音声面の特徴のほか、"往回"で方向を表現し、"里"で着点を表現したい話者の気持ちが含まれていると解釈することもできようが断定はしがたい。

中国語の前置詞は動詞に由来するとされている。前節（145 ページ）で移動動詞"到"について述べたが、"到…去"構文で目的地に到着したあ

---

[7] 『清語三十日間速成』(1904) と『支那語之勧』(1906) との 2 点を確認。

と後続する動作がない場合、"到"は前置詞として見なすことができる。
つまり、例文6)の"到"は方向を示す前置詞として機能しているとも解
釈できる。《新著国語文法》[8](1924)は"到"について「述語の前に附け
ることを要して、未だ到着せざる"到"は目的を表すもので"往"と通用
せらる」と述べている。現代中国語においても"到"が前置詞なのか動詞
なのかについて議論されている(刘1998、LAMARRE2017)。本章では、"到
…去"構文の中で、以下の例文17)のように"去"の前または後に動詞
フレーズがあり、移動の目的や理由を述べている文における"到"を動詞
とする。

17) 我现在到讲书堂送信去 / 手前は今から、教会堂へ手紙を届けに参り
　　　ます

(家常問答第 1 章)

　また、例文6)のように移動に注目し、移動後の事項に注目しない例文
における"到"を前置詞とする場合、"到"を6)'のように"往"に変
えても同義になる。

6) 没到别处去 / 外の處へは参りませんでした

(家常問答第 20 章)

6) '没往别处去 / 外の處へは参りませんでした

　以上のことを踏まえ、『華語跬歩』に見られる"到"を分類すると【表3】

【表 3】『華語跬歩』における"到"について

意味用法	前置詞	経路動詞		計
用例数	9	到着	〜に行く 〜に来る	80
		32	39	

---

[8] 黎錦熙《新著国語文法》(1924)は中国最初の本格的な現代中国語文法書であり、口語文法書である。

のようになる。

6. 『華語跬歩総訳』における移動表現

6.1 移動動詞

6.1.1 敬語表現の分類

　『華語跬歩総訳』における移動表現において、最も際立つ部分は敬語の使用である。「出る」「行く」「来る」の使用も見られるものの、敬語を使用した例文は 204 例（45.54％）見られる。『華語跬歩』の「接見問答」が立場や職業に応じた受け答えを教える教科書として使用されていたのは確かであるが、移動を表現するに際しては敬語の使用はほとんどない。

　明治 43 年に出版された『華語跬歩総訳 上 増補』と『華語跬歩総訳 下 増補』は『華語跬歩』の著者である御幡雅文が翻訳者となっているが、同じく敬語が多用されており、『華語跬歩総訳』は原著者の意図に応じた翻訳だと推測される。

　本章は松本（1997）を参照に日本語の移動表現を分類するが、敬語をはじめ松本（1997）で言及されていない表現の分類を検討する。

　まず、『華語跬歩総訳』で見られる主な敬語表現とそれに対応する表現及び本章における分類を【表4】に示す。なお、「御帰りになる」のような「お〜になる」が敬語標識となるものについては言及しない。

　「参る」は「行く・来る」の謙譲語として、「いらっしゃる」は尊敬語として使用されているため直示動詞として分類し、また、「見える」が1例「来る」の尊敬語として用いられている例文が見られ直示動詞とする。

　「御出で類」というのは「御出でになる」「御出で下さる」「御出でる」のようなもので「出る」ではなく「行く・来る」の尊敬語としてよく使用される敬語表現であることから、本章では「行く・来る」の尊敬語として直示動詞と見做す。「御越し類」とは「越す」を基本形とした「御越しになる」「御越し下さる」のような表現で「行く・来る」の尊敬語として使

【表4】本章における『華語跬歩総訳』の敬語表現の分類について

No.	敬語表現	対応する表現	用例数	動詞の種類
1	参る	行く・来る	77	直示
2	御出で類	出る（行く・来る）	55	直示
3	御越し類	越す（行く・来る）	5	直示
4	伺う	訪れる	7	経路
5	見える	来る	1	直示
6	いらっしゃる	行く・来る	1	直示
7	お伴致す	付き従って行く	2	付帯行為＋直示
8	お暇致す	去る、いなくなる	2	経路

用されているため直示動詞に分類する。

「伺う」については「訪れる」の謙譲語として経路動詞に分類し、「お伴致す」は「付き従って行くこと」の意で付帯行為（付き従って）＋直示（行く）と分類する。

　「お暇致す」は「辞去の際の挨拶」の敬語表現を使用しており、「いなくなる」「去る」という意味として経路動詞に分類する。

6.1.2　漢語複合移動動詞

　移動に関する漢語複合動詞は16例見られ、松本(1997)で述べている「経路位置関係＋基準物の包入」に相当するものが「入城する」「帰国する」「帰宅する」「上京する」「着京する」「出勤する」である。松本（1997）では「同道する」が見られていないが、「同行する」を様態＋「行」と分類している。これに基づいて本稿では「同道する」を「様態＋経路」に分類することにする。また、「外出する」を「方向性＋経路」に分類する。

6.1.3 「這入る」と「出掛ける」

「はいる」を「這入る」と表記した例が4例、「入る」と表記した例が2例見られる。

　18）私の這入つたのは哈達門です

（家常問答第5章）

　19）晩には城に入ることが出来るわいと思つた

（接見問答第27章）

　例文18）の「哈達門」は当時の北京城に入る場合通過する門のことで、例文18）も例文19）も「城に入る」という出来事を述べており、同じ「はいる」として経路動詞に分類する。

　「出掛ける」が17例見られ「出る」と同じく経路動詞に分類する。

6.2　後置詞

　『華語跬歩総訳』は方位詞が見られない一方、後置詞を使用している例文は147例見られ、32.81％を占めている。

　「から」は経路動詞と直示動詞及び「帰って来る」と共起する例文が見られ「起点」を表している。「から」を用いた日本語文と対応する中国語文を見ると、11例が起点を表す前置詞"打"、"従"と対応しており、4例がダイクシスによる場所提示例文と、3例が無生物主語の移動表現である。「から」の意味用法は様々であるが、主体移動の移動表現における「起点」を表す場合、中国語の前置詞"打"、"従"との対応関係にあると言えよう。

　「まで」は一例直示動詞と共起し、「到達の限界点」を表しており、対応する中国語標識はなく、「から〜まで」と対応しているのは方向を示す"往"である。

【表5】『華語跬歩総訳』における後置詞の現れ方

後置詞	動詞との共起の出現頻度			
	経路動詞	直示動詞	複雑述語	計
から	2	15	1	18
まで	0	1	0	1
から～まで	0	1	0	1
を	9	2	1	12
に	9	4	0	13
へ	29	66	6	101

　「を」と共起するのは経路動詞が多く、「城を出る」「天津を発つ」「紫竹林を立つ」のように「起点」を表すものがほとんどである。また、「通る」と共起し、「経路」を表すものが1例見られる。

　その他、次のような例文が見られる。

21）船で御越しでした乎、陸を御越しでした乎

（接見問答第27章）

22）私は陸を参りました

（接見問答第27章）

　「越す」も「参る」も方向指向の移動動詞であるが、例文21）22）の「陸」は文脈上「起点」となっていない。そうすると、「を」の「起点」や「経路」とする解釈は上記例文には適応されない。田中（1997）は、「Xを」の場合「動作が作用する対象としてのX」と解釈し、「を」が「経路」や「起点」を表すのはその働きの結果として「経路性」が浮かび上がったとしている。

つまり、「城を出る」の「を」は「起点」としての「城」を表しているのではなく、「出る」という動作が作用する対象としての「城」を表していると認識すべきであると述べている。例文 21）と 22）の「陸」を「越す / 参る」という動作が作用する対象としての「陸」とすれば「を」の解釈は成り立つと考えられる。

「に」は直示動詞と経路動詞（「入る」「戻る」「着く」「帰る」）と共起し、「着点」を表している。

「へ」は最も多く見られる後置詞で、「方向」を表す例文の他、以下の 3 例のように「到着」を意味する経路動詞との共起も見られる。

23）私が家へ着きましてから、間もなく、好くなりました

（家常問答第 17 章）

24）六時に渡し場へ着き

（家常問答第 46 章）

25）あちらへ着して二箇月餘経つと

（接見問答第 14 章）

その他、「到着」を表す動詞との共起でなくても、「香港へ参つたとき」「わたしの店へ電報が来ました」など、「帰着点」を表す「へ」が多数散見される。『日本文法大辞典』（2001）は、「へ」の現代用法において「方向を表すのが本来の用法であるが、現代語では帰着点を表す「に」と区別して用いられることが少なく（中略）動作・作用の帰着点を「へ」で表すことも多い」と述べている。また、山田（1936）は江戸後期の口語では「動作の帰着点を示す「に」が「へ」にその勢力を殆ど奪はれつくしてゐる」状態であると指摘しており、保科（1911）は「口語においてわ、その区別が殆ど消滅して、方向にも場所にも等しくエ（へ）を用いるのが普通の慣例になった」と述べている。『華語跬歩総訳』では「に」を使用した例文が 13 例で、「へ」を使用した例文が 101 例であり、同じく「へ」の支配的傾向が見られる。

7. 日中両言語の主体移動表現における移動動詞の使用頻度

　以上、『華語踄歩』における中国語の移動表現と『華語踄歩総訳』における日本語の移動表現をそれぞれ見てきた。方位詞に関して中国語では29例あるのに対して、日本語例文ではその使用が見られず、日本語の後置詞が147例で32.81％を占めているのに対して、中国語の前置詞は28例であり多く使用されているとは言い難い。また、主体移動の移動事象にのみ、起点を表す中国語の前置詞"打"，"从"と日本語の後置詞「から」との対応が見られる。

　『華語踄歩総訳』が『華語踄歩』の翻訳版であるのにも関わらず、移動表現に関する例文の数が448例に対して478例で、日本語の方が30例少ない状況にある。このような状況に関して、まず無生物主語の例文を見ると、

26）您的行李都来了／あなたの御荷物が、皆んな参りました

（家常問答第8章）

のように、物全体の移動を日中両言語ともに主体移動表現で表しているものと、

27）平常走的快慢怎么様／平常動き方の遅速は、どんなものです

（家常問答第10章）

28）走的也不快不慢／速くも無ければ、遅くも無く、

（家常問答第10章）

のように、物の一部の動きを中国語では移動表現で表しているのに対して、

日本語では移動表現を用いない場合があることが観察できる。

　次いで、中国語で「中立移動表現」に分類している“走”を使用した例文は、

　29）不是应当走三天哪么 / 三日掛らねばならん所ですが

(接見問答第 27 章)

　日本語の表現習慣上、移動表現とは関係がない場合が存在する。さらに、以下の例文のように、中国語の主体移動表現を日本語の客体移動表現で表すものがある。中国語文の“鱼”が「海から離れる」動作の主体であるのに対して、日本語文は他動詞「出す」により動作主体が「魚」ではなくなり、中国語文の主体移動表現が日本語文の客体移動表現と対応する場合が存在する。

　30）这个鱼是离海就死 / 此の魚は水から出すと間もなく死ぬので

(接見問答第 23 章)

　以上の 3 点の理由で中国語と日本語の移動表現に関する例文の用例数に差が生じたと言えるが、次は動詞の種類と頻度について見てみる。まず、単独で主動詞として用いられているものを次ページ【表 6】に示す。

　【表 6】に示すように、中国語において単純主動詞の用例数が 66.32％であるのに対して日本語は 87.05％であり非常に高い割合を占めている。これは、中国語の“回去”,“回来”のような「経路＋直示」の複合的な表現を日本語では「帰る」「戻る」のような「経路動詞」という単独用法で表現できるためである。また、日本語を見ると、「直示動詞」の使用率が圧倒的に多い 50.89％に達している。これは、松本（2017b）の調査結果である経路動詞（40.1％）の使用が圧倒的に多いことと異なる数値になっており、中国語文を翻訳したことに影響されているとも言えるが、本

【表6】主体移動表現における単独用法の動詞使用頻度

	『華語跴步』(中国語)				『華語跴步総訳』(日本語)		
動詞種類	単純主動詞				単純主動詞		
	様態動詞	経路動詞	直示動詞	中立移動動詞	様態動詞	経路動詞	直示動詞
頻度	6 (1.26%)	108 (22.59%)	193 (40.38%)	10 (2.09%)	1 (0.22%)	161 (35.94%)	228 (50.89%)
	317（66.32%）				390（87.05%）		

　章の分析対象が会話文であることにも影響されていると考えられる。
　複合動詞及び複雑述語が使用された例文の内訳に関して、中国語文を次ページ【表7】に、日本語文を【表8】に示す。
　【表7】と【表8】は、松本（2017b）の「直示動詞は複合動詞には参加しない」と「複合動詞と複雑述語における経路表示のパターンをまとめると、直示動詞がある場合は直示動詞を、そうでなければ経路動詞を最後に置く傾向がある」という指摘に基づいて分類している。松本（2017b）は日本語について述べているが、本章では対照の便宜上、中国語文も同じ基準で表を作成している。
　中国語文と日本語文ともに単独主動詞の使用が圧倒的に多いことが観察されるが、【表7】に示すように、中国語文において「経路＋直示」の使用が144例で30.12%に達している。これは、"出去""回去""回来"が多用されると考えられる。LAMARRE（2017）ではこれらの表現を「二形態素型」とし、とくに会話において頻度が高いと指摘している。また、【表6】〜【表8】を見ると、様態動詞の使用が非常に少ないということが観察できるが、これは調査対象が会話文であるためであろう。「様態」「経路」

【表7】主体移動表現における複合動詞及び複雑述語の使用頻度（中国語）

種類	複合動詞			複雑述語				
最終動詞	様態動詞	経路動詞		経路動詞	直示動詞			その他
組み合わせ	経路＋様態	様態＋経路	その他	様態・直示	様態＋直示	様態＋経路＋直示	経路＋直示	その他
頻度	1 (0.21%)	4 (8.37%)	1 (0.21%)	0	4 (8.37%)	2 (0.42%)	144 (30.12%)	5 (1.05%)
計	1 (0.21%)	5 (1.05%)		0	156 (32.64%)			

【表8】主体移動表現における複合動詞及び複雑述語の使用頻度（日本語）

種類	複合動詞			複雑述語			
最終動詞	様態動詞	経路動詞	その他	経路動詞	直示動詞		その他
組み合わせ	経路＋様態	様態＋経路	漢語複合動詞	付帯状況＋経路	経路＋直示	付帯状況＋直示	その他
頻度	0	0	16 (3.57%)	3 (0.67%)	26 (5.80%)	10 (2.23%)	3 (0.67%)
計	0	0	16 (3.57%)	3 (0.67%)	36 (8.04%)		3 (0.67%)

160

「直示」の情報が競合することなく表現できる言語ではあるものの、会話文では移動を報告する場面や移動を行う意思の表明など、移動様態の情報が必要と感じられる場面がほとんどない。LAMARRE（2017）においては、「テレビドラマ」と「小説」を調査し、テレビドラマで「様態」情報が含まれる移動表現は7％に過ぎないという結果となっており、本章においても、「様態」「経路」「直示」の3つ情報が揃った例文は中国語文に2例のみ見られる。

32）一去是坐车去的回头是<u>骑驴回来</u>的／往きには、車に乗つて参りました、戻りには、<u>驢馬に騎つて帰り</u>ました

（家常問答第 25 章）

33）你<u>滚出去</u>罢／疾々と<u>出て失せろ</u>

（家常問答第 40 章）

　また、松本（2017b）は「複雑述語ではすべてが直示動詞を最終動詞としており」と述べているが、例文32）の日本語文のように、最終動詞が「帰る」という「経路動詞」の例文が見られるほか、「騎て出る」という最終動詞が「出る」という「経路動詞」の例文が2例見られ、「馬に騎る」という現代の場面では中々見られない交通手段に限定した表現と思われる。
　その他、「通り越して行く」という「経路＋経路＋直示」の例文が1例見られるほか、「同道して参る」「往つて御出ででした（か）」が見られるが、これは敬語表現を使用したいという翻訳者の意図の現れではないかと推測される。

8. おわりに

　本章では明治期に出版された近代中国語関係書『華語跬歩』とその日本語訳である『華語跬歩総訳』の会話を対象に日中両言語の主体移動表現の

対照研究を行い、当時の主体移動表現の表現習慣として同じ事象を表現するに際し中国語の方が、移動動詞を選択する傾向が強いことと、会話文において経路関連要素である中国語の前置詞は日本語の後置詞ほど必要性が高くないことと、日本語における単独主動詞の使用は圧倒的であること及び、日中両言語ともに会話文において様態情報の必要性が非常に低いことを指摘した。

第8章　近代中国語会話書における
客体移動表現の日中対照研究

1.　はじめに

　日本語と中国語は主体移動表現において、同一の移動事態を表現するにあたり、「様態」「経路」「直示」の情報が競合することなく表現できる同じタイプの言語であるが、客体移動表現においては、同じタイプであるとは言えない。

　日本語における客体移動の表現は、使役移動動詞が文の中核となり、松本（1997）では、経路位置関係を包入した使役移動動詞、手段を包入した使役移動動詞、移動の様態を包入した使役移動動詞、付帯変化を包入した使役移動動詞と和漢移動動詞及び複合的使役移動表現を提示している。その中でも、経路位置情報を包入した使役移動動詞は数多く存在し、以下の例文のようにほとんどが対応する自動詞形を有している。

　ⅰ ボールは屋根の上に上がった。
　ⅱ ボールを屋根の上に上げた。

松本1997より

　例文ⅰとⅱは同じ結果を示しているが、ⅰはボールの移動が主体的になっており、例文ⅱのボールは外力によって移動したことを表現している。本章は例文ⅱのように、外力により移動する客体移動表現を分析対象に考

察を行う。

一方、中国語における客体移動表現は基本的に複合的表現で表し、"来（くる）"、"去（行く）"のような直示動詞や"回去（帰る）"、"上来（上がる）"のような方向を示す経路動詞＋直示動詞の表現を経路補語としてその他の動詞と組み合わせて使用される。

ⅲ把行李搬进去。（荷物を運び入れる。）

例文ⅲの場合、日本語文は「荷物を入れる」のように「入れる」のみで表現することもできるが、中国語文において、"搬（運ぶ）"を省略しては文が成立しない。

"退（退く）"、"升（昇る）"のような、主体移動と客体移動との両方に使用できる動詞はあるが、非常に少なく、中国語の客体移動表現に使用される動詞は主体移動表現に使用される動詞との繋がりは弱い。

2.　本章の調査資料

本章は、明治36（1903）年に出版された『華語跬歩』と明治40（1907）年に出版された『華語跬歩総訳　改訂』を調査資料に「問答」という場面による会話文を分析対象に客体移動を表現する文を抽出し、同じ出来事における日中両言語の客体移動に関する表現や表現パターンを分析する。

御幡雅文（1859－1912）が著した『華語跬歩』は上海にあった日清貿易研究所や東亜同文書院で用いられた中国語の教科書である（石田2013）。『華語跬歩』は単語部分、短文（語句）部分、会話部分の三つの部分により構成され、本章の対象となる部分は会話部分である。会話部分は日常会話の「家常問答」50章と立場や職業に応じた受け答えを教える「接見問答」30章からなっており、いずれも解説や訳文は付されていない。

伴直之助（1862 − 1937）編『華語跬歩総訳　改訂』は『華語跬歩』の訳本で、1904 年に出版された『華語跬歩総訳』に少し修正を加えたものである。

『華語跬歩』と『華語跬歩総訳　改訂』から選び出した主体移動表現に関する文は 450 例を上回り多数であるが、客体移動表現に関する文は 180 例前後で、分析対象として不足していると考えられるので、『華語跬歩』と『華語跬歩総訳　改訂』のほか、『官話指南』（1882）とその和訳版である『官話指南総訳』（1905）の「使令通話」を調査資料として加えることとする。

呉啓太・鄭永邦共編の『官話指南』は長年にわたり日本人や欧米人に使用されてきた中国語学習用の教科書であったとされており（氷野 2010）、巻之一「応対須知」・巻之二「官商吐属」・巻之三「使令通話」・巻之四「官話問答」の四巻一冊からなる。巻之三「使令通話」は 20 章からなり、立場の上の人と使用人との会話が中心であるため、客体移動表現に関する文が多く見られる。

本章では、『華語跬歩』と『官話指南』の「使令通話」から抽出した中国語文 313 例と、『華語跬歩総訳　改訂』と『官話指南総訳』の「使令通話」から抽出した日本語文 284 例を分析対象に近代中国語関係書の口語における日中両言語の客体移動表現を考察する。

3.　客体移動事象の下位分類

松本(2017a)は、客体移動事象を以下のように 3 つの種類に分けている。

Ⅰ　随伴運搬型　　移動使役者が共に移動する。

　①（階段を使って）荷物を二階に上げる。

　②　荷物を図書館に運んだ。

Ⅱ　継続操作型　　物体を手で動かすことのほか、手を上げるような身体部位を動かすことも含む、「置く」「取る」が含まれる。

Ⅲ　開始時起動型　ボールを投げるような移動の開始時に使役行為が行
　　われる

松本 2017a より

（例文①②は松本 2017 b より）

　また、随伴運搬型と開始時起動型の移動範囲に制約がないことと、継続
操作型の小規模の移動範囲を示している。
　それに対し、中国語の客体移動表現の場合、LAMARRE（2017）では
以下のように、上述の３つのタイプに加えて、「その他」を提示し、以下
のように主に使用される動詞を示している。

Ⅰ　随伴運搬型　　動作者が移動物とともに動く。
　　　　　　　　　"搬（運ぶ）","拉（引っぱる）","送（とどける）"
　　　　　　　　　など
Ⅱ　継続操作型　　移動を引き起こす主体自身の変化がない。
　　　　　　　　　"掏（取り出す）", "挙（手を挙げる）"など
Ⅲ　開始時起動型　動作者が移動物の移動を引き起こし、直後に移動物
　　　　　　　　　が動作主から離れる。
　　　　　　　　　"踢（蹴る）","扔（捨てる）","寄（郵送する）"
　　　　　　　　　など
Ⅳ　その他　　　　①"関"は「閉める、閉じ込める」を意味するが、
　　　　　　　　　　経路補語と結び付くと移動事象に用いられる。
　　　　　　　　　"抓（捕まえる）", "逼（強制する）"など
　　　　　　　　　②実質的な意味を失ったダミー動詞"弄"

　また、随伴運搬型において、移動の前段階の事象を表す動詞も加えるべ
きと指摘し、"拿（手に取る、持つ）","帯（携帯する、持つ）","領（受
け取る）"などの動詞を提示している。

本章では、上述の分類を踏まえ、4節では随伴運搬型の移動表現を、5節では継続操作型の移動表現を、6節では開始時起動型の移動表現を考察していく。

4. 随伴運搬型の客体移動表現

松本（2017b）は、以下のような文を「疑似客体移動表現」としている。

a. カバンを図書館に持って行った。
b. スーツケースを家に持ち帰った。

松本2017b より

つまり、主語の移動を表しているが、「カバン」と「スーツケース」を持ちながら移動するため、結局は「カバン」と「スーツケース」も着点へと移動することになっている場合を指す。また、例文aは行為動詞「持つ」と直示動詞「行く」からなる複雑述語、例文bは行為動詞と経路動詞「帰る」からなる複合動詞の用例であると述べている。

　本章の調査資料から抽出した客体移動表現における日本語の随伴運搬型の移動表現は146例見られ、これらの表現を松本（2017b）における客体移動を表す動詞の分類[1]を参考に使用される動詞の種類から分類し、【表1】のようにまとめる。

　【表1】に示すように、日本語において「疑似客体移動表現」がかなり多く見られ、その中でも「行為動詞＋直示動詞」が106例と一番多く使用されるパターンである。松本（2017b）においても「疑似客体移動表現」が半数以上占めているが、「行為動詞＋経路動詞」のパターンが一番高い

---

[1] 松本（2017b）は、客体移動動詞を「使役的経路動詞」「使役的様態動詞」「使役的直示動詞」「put/take動詞」「使役手段動詞」の五つの種類に分けている。

【表1】本章における随伴運搬型の客体移動事象を表す動詞の種類と頻度（日本語）

動詞	客体移動表現					疑似客体移動表現		
	単独主動詞		複合動詞			複合動詞	複雑述語	
	使役手段動詞	使役的経路動詞	使役手段＋使役経路	行為動詞＋使役経路	その他	行為動詞＋経路動詞	行為動詞＋直示動詞	その他
頻度	2	10	12	3	3	2	106	8
	30					116		

割合を占めている。【表1】の「疑似客体移動表現」が約8割を占め、松本（2017b）の結果を大幅に超えているのは、本研究の調査対象が会話文に限定しているのが原因であると推測される。

　用例数は多くないが、「送る」「届ける」が以下のように単独主動詞として用いられている。

　1）又は先方から届けて呉れるので、しよー乎 / 还是他给送来呢

（家常問答第5章[2]）

　2）其の儘で、御送り下さいますな / 您留步別送

（家常問答第9章）

　荷物の運搬を命令する場面が多く、「運び込む」「持ち出す」などの使用が以下のように見られる。

　3）あの小道具を持ち出して、どの御部屋へ置きましよー乎 / 把那零碎東西都拿出来，搁在那屋里去呢

---

[2]　本研究で使用される資料は中国語文のみの資料とその和訳版であるため、中国語文と日本語文の頁数は一致していない。例文の出典を「家常問答・接見問答（『華語跬步』）」及び「使令通話（『官話指南』）」第×章のような形で示す。

（家常問答第 13 章）

4）御荷物は皆運び入れました / 行李都搬进来了

（使令通話第 14 章）

例文 3）の「持ち出す」は文の内容から「随伴運搬型」に見られるが、後述する継続操作型により多くの使用が見られる。

経路動詞の「帰る」は複合動詞としての「持ち帰る」と複雑述語としての「持って帰る」の二種類が見られるが、用例数は 2 例ずつで、多くない。

5）風呂敷に包んで持つて帰れ / 你就拿包袱包上，帯回来了

（使令通話第 19 章）

6）其れでは、私は直ぐ持ち帰り、引返して新らしいのに取換へて参りましよー / 那么我就拿回去，快给你换来罢

（家常問答第 6 章）

それに対して、直示動詞「来る」の使用が数多く見られ、目上の人との会話で「参る」など敬語の使用が見られる。

7）御洗面の水を汲んで参りました / 洗脸水打来了

（家常問答第 23 章）

8）新しいのと取り換へて来て御呉れ / 给换新鲜的来罢

（家常問答第 6 章）

「持参する」が見られるが、これは【表 1】の複合動詞の「その他」に分類する。

9）あなたへは何に乎御役に立つ物を持参する筈でしたが / 本应当给您萤点儿什么成用的东西来

（接見問答第 8 章）

「持ち帰る」「持って帰る」のように形式から「複合動詞」「複雑述語」の区別ができるような日本語と異なり、中国語の動詞は変形がないため、

形式からでは容易に区別できない。そこで、中国語における分類は動詞の複合的な使用において、後項の動詞が直示動詞の場合「複雑述語」に、後項の動詞が経路動詞の場合「複合動詞」に分類し、本章で見られる152例の中国語の随伴運搬型の客体移動事象を【表2】にようにまとめる。また、「行為動詞」は移動の前段階の事象を表す動詞を指し、「使役動詞」は松本（2017b）で使役手段動詞と概ね対応する動詞を指す。

第1節で述べたように中国語の客体移動表現は基本的に複合的な表現で表すが、【表2】に示すように単独主動詞で表現するものが7例見られる。使役動詞で移動を表す5例は会話の中で直示動詞が省略されたもので、対象外とするが、客体移動表現における方位詞に関して述べる。

10) 可就把车竟往跷窝里头赶、把人碰的头晕眼花，连坐车的屁股蛋儿都可以给撅肿了，/ 窪處にばかり挽き入れ、人の頭を車箱へぶつつけて目はまひ、中に乗つて居るものの臀部までもつき腫らかすのであらう。

(使令通話第6章)

例文10) のように "赶" は単独主動詞で使用されているが、文は移動物である車の移動に関する客体移動を表している。これは「前置詞＋方位詞」となる "往〜里" の働きにより、動作の経路が示され、また移動物を

【表2】本章における随伴運搬型の客体移動事象を表す動詞の種類と頻度（中国語）

動詞	単独主動詞		複合動詞	複雑述語				その他
	使役動詞	使役動詞＋方位詞	使役動詞＋経路動詞	行為動詞＋直示動詞	行為動詞＋経路＋直示	使役動詞＋直示動詞	使役動詞＋経路＋直示	
頻度	5	2	2	59	21	39	20	
	7		2	80		59		4

確定する"把"の働きにより成立する表現である。王力（1944）は中国語の"把"について、

〈やる〉という行為の一種であり、〈執行〉であり、〈処置〉である。中国語で、我々はそれを処置式と呼び、英語に訳すなら execution form としたい。

（〈把〉字所介绍者乃是一种〈做〉的行为，是一种施事（execution）是一种处置。在中文里，我们把它称为处置式，若译为英文，我们想叫做 execution form.）

と述べている。例文10)の"把"は移動物である車をマークし、車が処置（移動）されている。「処置式」とされるこの"把"は例文10）のような特別な状況のほかにも、例文11）のように客体移動事象で多く使用される介詞である。

11）那么你**把**这两块钱给他<u>送出去</u>，叫他去罢 / 其れでは、お前此の貳円を持て往つて車夫に<u>渡して</u>彼を帰しなさい

（家常問答第 35 章）

例文11）の"送出去"の"出去"は経路情報を示しているが、中国語における客体移動表現はこのような使い方が最も普遍的であり、ここにおいても"把"により「这两块钱（此の貳円）」が処置されている。

行為動詞は LAMARRE（2017）で「移動の前の段階の事象を表す動詞」として列挙するなかの"拿"が多く見られる。「手にとる、持つ」という意味を示し、経路補語とともに使用され、客体移動事象を表す。

12）你把那凳子<u>拿过来</u>/ 腰掛を<u>持つて来て</u>

（使令通話第 7 章）

また、LAMARRE（2017）では言及していないが、「探す」を意味する
"找"が多く見られる。

13）打发人把他<u>找来</u>也好 / 使を遣つて彼を<u>呼び寄せる</u>ことも好いです

（家常問答第 12 章）

その他、LAMARRE（2017）で「実質的な意味を失ったダミー動詞」"弄"
が見られる。

14）<u>弄</u>了鱼<u>来</u>咯 / 魚を漁つて来ました

（接見問答第 23 章）

例文 14)は"弄"と「漁る」とが対応しているように、ダミー動詞の"弄"
は動作対象により意味が変わつてくる。

移動を表す表現の構造は以下のように例文 11) 12) と例文 13) 14)
とでは異なりがみられる。

送＋出＋去（例文 11）→行為動詞＋経路動詞＋直示動詞

拿＋过＋来（例文 12）→行為動詞＋経路動詞＋直示動詞

找＋来（例文 13）　　→行為動詞＋直示動詞

弄＋来（例文 14）　　→行為動詞＋直示動詞

"弄"はダミー動詞であるが、行為を表すため行為動詞と見なす。"出,
过"を方向動詞と称する先行研究（朱徳熙 1995）も見られるが、本研究
では LAMARRE（2017）を参考に経路動詞と称する。他には"进, 上, 下,
回"などが見られ、直示動詞の"来, 去"と組み合わせ、経路補語として
様態動詞や行為動詞の後につき、移動の方向を示すが、本章における調査
資料では【表 2】に示すように、中国語の随伴運搬型の客体移動事象を表
現するのにあたって、後項の動詞が直示動詞の場合「複雑述語」の使用が
圧倒的であり、その中でも、経路動詞を使用せずに、直示動詞のみで方向
を示す例文が 7 割弱を占めている。【表 1】に示す「行為動詞＋直示動詞」

のパターンが一番高い割合を占め、松本（2017b）と異なる傾向が見られるのも中国語文を日本語に直訳したことに影響されていると推測できる。

明治37（1904）年に出版された物語を教材として収めた「読本」である『今古奇観：北京官話　第1編』を調査したところ、客体移動事象を表す用例が224例見られ、その中で随伴運搬型は69例占めているが、直示動詞のみで移動方向を示しているのは18例のみで、「経路動詞＋直示動詞」で移動方向を示す用例は43例と高い割合を占めている。「読本」からの例文が比較対象としてやや不足しているものの、このような違いが生じたのは、本研究で「会話文」というジャンルに注目して調査した結果と思われ、随伴運搬型の客体移動事象は動作者が移動物とともに移動するため、それに関わる会話は「いま目に見える情報」が重視されており、直示動詞の使用も「くる」の方に集中している傾向が確認される。

5.　継続操作型の客体移動表現

継続操作型の客体移動表現は移動を引き起こす主体の変化はなく、移動物の位置変化にのみ注目する。手を挙げるなど身体部位を動かすこと、また、「置く」「取る」などの put/take 動詞も含まれる。本章における日本語の継続操作型の客体移動事象を表す動詞の種類と頻度を【表3】に示す。

【表3】に示すように、継続操作型の客体移動事象を表す動詞は随伴運

【表3】本章における継続操作型の客体移動事象を表す動詞の種類と頻度（日本語）

動詞	単独主動詞			複合動詞	複雑述語
	使役的経路動詞	put/take	その他	使役手段等＋経路動詞	その他
頻度	59	5	22	8	9

搬型と異なり、ものの移動に直示動詞が見られないが、松本（2017b）は「直示を表す動詞の使用が制限されている」と指摘している。単独主動詞の「入れる」「出す」「渡す」など使役的経路動詞の使用が多く見られ、これは松本（2017b）と同じ傾向を示している。しかし、松本（2017b）と異なり、本研究における「その他」は22例見られるが、それは「遣る」を使用している用例が多く見られるためである。

15) 車賃を二円、外に飯料五十銭遣るが、其れで承知乎 / 给他两块钱的车钱，另外还给他半块钱的饭钱

（家常問答第42章）

16) まづ三弗渡し、別に一弗おまへに遣る / 先给你三块、另外我赏给你一块钱

（使令通話第13章）

　動詞「遣る」は松本（1997）の客体移動表現には言及していないが、本研究の調査資料において、継続操作型を表す「金を渡す」行為には「遣る」が多く見られる。また、同じく「金の移動」を表す「戴く」のような敬語が見られる。

　本章における中国語の継続操作型の客体移動事象を表す動詞の種類と頻度を【表4】に示す。

　中国語において、継続操作型の客体移動事象は随伴運搬型の客体移動事

【表4】本章における継続操作型の客体移動事象を表す動詞の種類と頻度（中国語）

動詞	単独主動詞		複雑述語	その他	
	行為動詞	行為動詞＋名詞	行為動詞＋経路＋直示	行為動詞＋実現補語	行為動詞＋実現補語＋方位詞
頻度	23	49	19	7	19

象と同じく、単独主動詞で移動事象を表している。また、方位詞で経路情報を示す場合のほか、名詞を用いて経路情報を示す場合も見られる。

17) 先给你三块、另外我赏给你一块钱 / まづ三弗渡し、別に一弗おまへに遣る

(使令通話第 13 章)

例文 17) のように "给 (渡す)" が単独主動詞で、名詞の "你 (あなた)" で着点を示し、"三块 (三弗)" のお金の移動状況を表している。

単独主動詞は単音節動詞だけではなく、"交给"，"递给"，"赏给" などのような「渡す」行為の手段が内包されている二音節動詞も含む。

18) 那么你把信交给我罢 / 手紙を私に渡しなさい

(家常問答第 1 章)

複雑述語の「経路動詞＋直示動詞」は移動物の軌道を示す役割を担っている。

19) 那么我先开箱子把东西拿出来罢 / 手前は先づ箱を明けて品物を出しましよーかね

(家常問答第 8 章)

Talmy (2000) は「中国語は高度なサテライト枠付け言語」であるとし、次のような例を挙げている (原文はピンイン表記、日本語訳は筆者によるもの)。

Ⅰ我开了门 (, 但是门没开) / 私はドアを開けた (が、ドアは開かなかった)
Ⅱ我杀了他 (, 但是没杀死) / 私は彼を殺した (が、殺せなかった)

これは中国語では行為と結果 (実現) を別段階のものとして切り離して表す特徴を取り上げたもので、意味的中核となる実現の達成を行為動詞の後に付く結果補語により表現することになるが、Talmy (2000) はこの部分を「サテライト」としている。【表 4】の「その他」の「行為動詞＋実現補語」がこれに当たるものである。

176

20）你搁上叶子叫他们拿开水来沏上 / お前、茶を<u>入れ</u>たら、宿屋の者
　　に湯を持つて来させて、湯をさせ

（家常問答第 28 章）

21）<u>搁</u>在脸盆桌<u>上</u>罢 / 洗面台の上に<u>置き</u>なさい

（家常問答第 19 章）

22）再把这文具都<u>装在</u>白拜匣<u>里</u>/ 文房具は皆手箱の中に<u>入れ</u>ておけ

（使令通話第 17 章）

　例文 20）の“搁上”の“上”は「茶葉を入れ終わった」という実現を
意味し、例文 21）と例文 22）は“搁在”と“装在”の“在”と後に付く
方位詞“上”と“里”で行為の実現を表している。

　日本語においても中国語においても継続操作型の客体移動事象は経路情
報が大事というように見えるが、日本語の使役的経路動詞の多用に対して、
中国語は使役的経路動詞が少ない分、「行為動詞＋着点（実現）」でそれを
補っている。つまり、中国語は動詞だけではすべての移動事象をカバーで
きないため、周辺的なもので補っているが、Talmy（2000）で中国語を
サテライト枠付け言語（satellite-framed language）に分類しているのは、
中国語のこの特徴が理由の 1 つとなっている。

6.　開始時起動型の客体移動表現

　移動の開始時に使役行為が行われる移動事象が開始時起動型であり、本
章で見られる日本語文は 35 例で、中国語文は 45 例ある。日本語文の種
類と頻度を【表 5】にまとめ、中国語文の種類と頻度を【表 6】にまとめる。
　【表 5】に示すように、日本語において開始時起動型の客体移動事象を
表す動詞は使役手段の単純主動詞が多く見られ、「複合動詞」と「複雑述語」
における前項も使役手段動詞のみ見られ、他の二つのタイプに比べ、使役

【表5】本章における開始時起動型の客体移動事象を表す動詞の種類と頻度（日本語）

動詞	単独主動詞			複合動詞	複雑述語
	使役手段動詞	使役的経路動詞	使役的様態動詞	使役手段動詞＋使役的経路動詞	使役手段動詞＋直示動詞
頻度	17	5	2	3	8

手段動詞の圧倒的な使用が窺える。35 例のみ見られ、用例数が比較的少ないが、示されている傾向は松本（2017b）と変わらない。

　また、調査対象の客体移動事象は立場の上の人と使用人との人間関係が非常に多く表現されており、使役手段動詞の使用でも、松本（2017b）でいう「投げる」「蹴る」のような物理的使役表現より、「呼ぶ」をはじめとする言語的・心理的使役表現の使用が際立つ。

　23）旦那、手前を御呼びになりましたのは、何ぞ御用で御ざいます乎／老爷叫我来有什么吩咐么

（接見問答第 20 章）

　さらに、継続操作型で見られる「遣る」と「出す」が開始時起動型に見られ、使用人を「派遣する」際用いられている。

　24）私は明日、使を出して彼を呼びに遣ろーと思ひますが、どーでしよー／我想明儿我打发人去把他找来好不好

（家常問答第 12 章）

　25）又たは、あちらへ、人を遣つて貨物の御請取りなさるのです乎／还是打发人上那儿取货去呢

（家常問答第 46 章）

【表6】に示す使役手段動詞の 20 例のうち、18 例が日本語訳の「遣る」「出

【表6】本章における開始時起動型の客体移動事象を表す動詞の種類と頻度（中国語）

動詞	単純主動詞	複雑述語	
	使役手段動詞	使役手段動詞＋直示動詞	使役手段動詞＋経路＋直示
頻度	20	14	11

す」と対応する「（人を）行かせる」「派遣する」を意味する“打发”であり、“请”と“差”が1例ずつ見られる。

26）他们打发人给送来／先方が人を出して届けて呉れると

（家常問答第2章）

27）可以打发人去拿来瞧瞧／人を遣つて取り寄せて御覧に入れましよー

（家常問答第33章）

28）他们可以打发人给送来／こちらから、人を差し立てて、届けて上げ
よーと

（家常問答第2章）

例文26）27）28）のように、“打发”は移動物が「人」の場合日本語の「出す」「遣う」「差し立てる」など表現との対応が見られる。また、3つの例文とも、1つの文に2種類の客体移動事象が含まれている。“打发”により示される開始時起動型の移動事象と、“打发”される人間の働きによる随伴運搬型の移動事象が表現されているが、本研究における単独主動詞の客体移動事象表現は調査資料に制限があり、開始時起動型の移動事象が見られる文は常に随伴運搬型の移動事象が伴う。

7. 日中両言語の客体移動事象に関する表現について

　近代中国語関係書『華語跬歩』とその和訳版である『華語跬歩総訳　改訂』及び、『官話指南』の「使令通話」とその和訳版で抽出した日中両言語の客体移動事象に関する表現のタイプ別の用例数を【表7】にまとめる。

　主体移動表現において類似している部分が見られるのとは異なり、日本語と中国語の客体移動表現は表現方法に大きな差が見られる。日本語の客体移動表現では、使役経路動詞が数多く存在し、多く使用されているのに対して、中国語の継続操作型の客体移動表現では動詞の使用自体が少ない。

　開始時起動型の客体移動表現では日中両言語ともに使役手段動詞が多く使用されているが、用例数が比較的少ないため、より慎重な考察が必要であると思われる。

　随伴運搬型の客体移動表現では日本語訳文が中国語文の影響を大きく受けているように見られるが、会話文における随伴運搬型の移動表現は直示動詞の使用が多く見られ、直示動詞に関する日本語訳は原文の影響を強く受けていると考えられる。

【表7】本章における日中両言語の客体移動表現

客体移動事象の種類	日本語用例数	中国語用例数
随伴運搬型	146	152
継続操作型	103	115
開始時起動型	35	46
計	284	313

8. おわりに

　本研究の調査資料である『華語踋歩』とその和訳版である『華語踋歩総訳　改訂』及び、『官話指南』の「使令通話」とその和訳版から抽出した日本語の分析対象を考察した結果、各種移動動詞の使用割合は概ね松本（2017ｂ）と同じ傾向を示しているが、用語の選択には違いが見られる。特に、継続操作型と開始時起動型の客体移動事象を表す日本語の移動動詞の使用（「遣る」「（人を）出す」など）と開始時起動型の中国語の移動動詞の使用（"打発"など）には調査資料の性質上、会話に出現する人々の社会地位の階層により、今では使用しがたいものが見られる。第7章の主体移動表現に対する日中対照研究を見ると『華語踋歩総訳』から見られる日本語の主体移動表現は敬語の使用が際立っているように思われるが、『華語踋歩総訳』は「対人意識による位相語」[3] が多く使用されているように見える。これについては、『華語踋歩総訳』にだけ見られる特徴なのか、それとも同時期の中国語関係書に見られる全体的な特徴なのか、なお追究の余地があるように思われる。

---

[3] 田中（1999）は、位相を社会的位相、様式的位相、心理的位相の三つの観点からとらえているが、『華語踋歩総訳』の主体移動表現における敬語の使用と客体移動表現における継続操作型と開始時起動型の動詞の多くは心理的位相に含まれる「対人意識などの心理によるもの」に当たるものであると考えられる。

終　章　近代中国語会話書の日中対照研究と
　　　　今後の展望

1.　本研究のまとめ

本研究は日本で北京官話を教授しはじめたとされる明治9（1876）年から大正初期にかけて、日本で出版された中国語関係書を調査資料に行った日中対照研究である。

序章で近代日本における中国語教育と中国語教育関連書籍について述べたうえで、本論は四つの部に分け、研究を進めている。本論は計8章からなっている。

第一部では西島良爾が明治33（1900）年に出版した『清語会話案内』を調査資料にとりあげたが、それは、北京官話教育の早期において、内容上も形式上も珍しく整えられた教科書であると言われており、その内容は後の教科書に継承された部分が多いということも理由となっているが、最も大きな要因は当時の北京語の実態を反映していると考えられるためである。『清語会話案内』の上巻には、以下のような文が見られる。

1）各扫自己门前雪休管他人瓦上霜 / 各自分ノ頭ノ蠅ヲ逐フガ宜シイ
　　p.120

また、上の例文のすぐ後に、以下のようなものが見られる。

2）我喝我的酒吃我的大烟花我的钱碍你什么相干 / 私ハ私ノ酒ヲ飲ミ私

ノ阿片ヲ吸ヒ私ノ銭ヲ使フノダカラ汝カマツタコトハナイ　p.120

　例文 1 ）は俗語で、母語話者が日常的に使用していると思われる表現であるが、今の教育機関で使用されるテキストにこのような内容が記載される可能性は低い。また、例文 2 ）の表現は卑俗的ではあるが、当時の社会事情が反映される情報が含まれており、同書にはこのような表現が数多く使用されている。

　『清語会話案内』は俗語を使用するなど内容が充実しているだけではなく、上巻は「単語」「散語」「抄話」、下巻は「単語」「續散語」「問答」「抄話」と付録「検字」により構成されており、構成項目もその他の関係書に比べ、遺漏のない構成となっているように窺える。

　本研究の第一部の第 1 章では、『清語会話案内』における能願動詞及びこれに準じる表現を対象に、中国語の能願動詞に対応する日本語の表現形式について、「願望や意志を表すもの」「可能・可能性を表すもの」「必要性を表すもの」「禁止・阻止を表すもの」の 4 種類に分類し、中国語をもととし、その日本語訳を示しつつ、中国語の能願動詞が日本語でどう訳されるかについて分析している。

　第 2 章では、『清語会話案内』における兼語文及びこれに準じる表現を対象に、中国語の使令意味類の兼語文を主な対象に、兼語文に対応する日本語の表現形式について、分析を進めた。『清語会話案内』で見られる 51 例の兼語文の中で使令意味類の「兼語文」は 44 例あり、" 叫 " の多義性が認められ、" 给 " による V2 と「V テクレル」との対応、" 叫 " による V2 と受身表現及び使役表現との対応、" 托 " による V2 と授受表現「テ貰ヒタイ」との対応がそれぞれ見られる。

　第 3 章では、『清語会話案内』における助詞 " 了 " の使用状況及び用例用法について、動作の完了を表す動詞の後につく " 了 " を動態助詞 " 了 1" とし、出来事の実現を表す文末に見られる " 了 " を語気助詞 " 了 2" として分析を行い、動態助詞 " 了 1" と語気助詞 " 了 2" と 2 つの " 了 " が同時

に現れる場合との３つのパターンに分け、中国語の助詞"了"がどのような日本語表現と対応しているのか調査分析しながら、高橋（2017）との比較検討を試みた。

　本研究の第二部は第４章の１章からなっており、第一部の第１章の指摘をより多くの明治期の文献で検討するために61点の中国語関係書を「文法書」類、「教科書」類、「会話書」類、「読本」類に分け、それぞれの種類の関係書における"会"の使用状況および用例用法を確認し、当時「可能性」を意味する"会"がまだ普及していないという結論に辿り着いた。

　「文法書」では『支那語助辞用法』にのみ、「可能性」用法の"会"について言及し、かつ、正しい例文を示している。「教科書」では『亜細亜言語集 支那官話部 増訂』のみ、"会"の「可能性」について理解していると言える。「会話書」における"会"は「能力」用法が「可能性」用法をはるかに上回っており、「可能性」用法の"会"を日本語に訳す際、「能力」用法にとらわれている部分が残っていることが観察できる。

　「読本」では「可能性」用法の用例数が「能力」用法の用例数をやや上回るものの、日本人著者の場合「能力」用法の用例数が多い。

　第４章の最後には、"会"の「可能性」用法の学習者への普及が難しいことについて、「可能性」を表す"会"の直訳が難しいことと、また、日本語に対応する表現が見出し難いとの２つの理由を挙げ、さらに、"会"が現在の「可能性」として解釈できるようにまで至った経緯について、まずは「どうして」の"怎么会"が定着し、その後「はずがない」の"不会"についての解析が深まり、最後に"会"の「可能性」用法という解釈に辿り着いたとする推測について論じている。

　本研究の第三部は程度副詞の日中対照研究を試みた。
　まず、第５章では、「日清会話」という表現を用いた日本語訳文を掲げる会話書６点を調査資料に対照分析を行い、６点の会話書に見られる中国

語の程度副詞の異なり語数は 25 語、延べ語数は 395 語で、日本語の程度
副詞の異なり語数は 38 語、延べ語数は 388 語であるように、程度副詞を
使用している例文数は日中の差が見られないが、異なり語数は日本語の方
が上回っており、これは、時（2009）の中国語の程度副詞は副詞同士の
共起や量的語句との共起によりバリエーションに富んでいるのに対して日
本語の多くの程度表現は強い排他性があるため、他の程度副詞との共起は
考えられないという指摘の裏付けとなると考えられると述べた。また、中
国語の程度副詞で程度の小さいことを表す表現の使用が多くないこと、日
本語の「非常に」の使用頻度が現代に比して多くないことが指摘できる。

　第 6 章では、第 5 章の分析結果を踏まえ、当時の文法書における程度副
詞の記述状況を考察したうえで、中国語会話書『官話指南』と『官話急就
篇』とそれらの和訳版を調査資料に、さらに和訳版のない『新華言集：普
通官話』と同時期に出版された中国人留学生向けの日本語学習書『漢訳日
本語会話教科書』を比較対照の資料としてとりあげ、程度表現に関する日
中対照研究を試みた。

　本研究の第四部は移動表現の日中対照研究で、第 7 章では主体移動表現
を、第 8 章では客体移動表現を分析対象として分析を進めている。

　第 7 章の主体移動表現は、日清貿易研究所や東亜同文書院で教科書とし
て使用されていた『華語跬歩』の「家常問答」50 章と「接見問答」30 章
から中国語文 478 例を、その和訳版である『華語跬歩総訳』から日本語
文 448 例を抽出し、方位詞、前置詞と後置詞、移動動詞の 3 つの方面か
ら主体移動表現の対照分析を行っている。

　第 8 章の客体移動表現について、『華語跬歩』とその和訳版から選び出
した主体移動表現に関する文は 450 例を上回り数多いが、客体移動表現
に関する文は 150 例前後で、分析対象として不足しているように思われ
るので、『華語跬歩』のほか、『官話指南』の「使令通話」とその和訳版を
調査資料として加えている。客体移動表現は、松本（2017a）の分類に従

い、随伴運搬型、継続操作型、開始時起動型の３つの種類に分けて日中対照分析を試みた。

2. 今後の展望

このように、様々な文法項目の日中対照研究を行うために、明治９年から大正初期にかけて日本で出版された中国語関係書80点余を調査資料としているが、六角（2001）によると慶応３（1867）年から昭和20（1945）年までに日本では1437種の中国語関係書が刊行されているという。今までは中国語の資料として扱われてきたものを、それらの日本語訳を近代日本語研究の資料としての価値を認め、研究を進めることには意義があるように思われる。

また、第４章で指摘している"会"の意味記述の変遷、第６章で指摘している和訳書における程度副詞の使用実態や第８章で指摘している客体移動表現で残された課題に関しては、慎重を期してさらなる調査を試みたいと思う。

本研究は近代中国語関係書の日中対照研究をテーマとして研究を進めたが、第１章の能願動詞に対応する日本語訳について論じる際、日本語の可能表現について述べているものの、近代日本語の可能表現についての形式・用法の史的変遷、能力可能と条件可能の変遷など日本語の部分についての近代共通語成立史の観点からの分析が欠けている。また、近代日本の北京官話教育から今の普通話教育までの中国語教育の史的な研究とそれに伴う中国語の文法項目の史的変遷についても十分に論じていない。

これについては、近代日本の中国語関係書を調査資料に見られる史的変遷に注目し、さらなる分析を試みたいと思う。

調査資料・参考文献

〈調査資料〉

〈凡例〉
・調査資料は発刊年度順に配列する。ただし、同一発刊年の著作は著者姓名
　の五十音順に配列する。
・編と著の区別はつけない。ただし、訳書は訳と区別する。

〈中国語関係書〉
大槻文彦（1877）『支那文典』大槻文彦

中田敬義（1879）『伊蘇普喩言：北京官話』渡部温

呉 啓太, 鄭 永邦（1882）『官話指南』楊竜太郎

川崎 華（1885）『英和支那語学自在』岩藤錠太郎等

谷信近（1889）『支那語独習書 第 1 編』支那語独習学校

村上秀吉（1893）『支那文典（通俗教育全書；第 53 編)』博文館

中島謙吉（1894）『実用支那語 正篇』尚武学校編纂部

川辺紫石（1895）『支那語学速修案内：日英対照』井口松之助

豊国義孝（1895）『支那語自在』獅子吼会

中島長吉（1895）『支那語学楷梯』小林新兵衛

福井太一（1895）『支那語学独修便覧：国語対照』福井太一

星文山人（1895）『支那語独案内：軍用商業会話自在』柏原政次郎

宮島大八（1897）『官話輯要』哲学書院

金 国璞, 平岩道知（1898）『談論新編：北京官話』平岩道知

西島良爾（1900）『清語会話案内』上巻　青木嵩山堂

西島良爾（1900）『清語会話案内』下巻　青木嵩山堂

宮島大八（1900）『支那語独習書』善隣書院

金 国璞（1901）『士商叢談便覧：北京官話 上』文求堂

徐 東泰，井上孝之助（1901）『貿易叢談：東文翻訳北京官話』文尚堂

青柳篤恒（1902）『支那語助辞用法：附・応用問題及答解』文求堂

鹿島修正（1902）『速成日清会話独修』青木嵩山堂

金 国璞（1902）『士商叢談便覧：北京官話 下』文求堂

西島良爾（1902）『清語読本』石塚猪男蔵

広部精（1902）『亜細亜言語集 支那官話部 増訂』青山堂

孟 繁英（1902）『清語教科書』村上書店

青柳篤恒（1903）『新編支那語会話読本』早稲田大学出版部

御幡雅文（1903）『華語跬歩』文求堂

宮島大八（1903）『官話篇』善隣書院

松永清（1903）『日清会話篇』同文社

金 国璞（1904）『今古奇観：北京官話　第１編』文求堂

金 国璞（1904）『今古奇観：北京官話　第２編』文求堂

鈴木雲峰（1904）『実用日清会話独修』修学堂

張 廷彦（1904）『支那語動字用法』文求堂

東洋学会編（1904）『清語会話速成』又間精華堂

西島良爾，林達道（1904）『中等清語教科書』石塚松雲堂

西島良爾（1904）『清語三十日間速成』青木嵩山堂

原口新吉（1904）『支那語異同弁』文求堂

伴直之助訳（1904）『華語跬歩総訳』裕隣館

宮島大八（1904）『官話急就篇』善隣書院

宮島大八（1904）『兵事会話：清語速習』善隣書院

宮嶋吉敏（1904）『官話時文問答』善隣書院

山岸辰蔵（1904）『日清会話独習』東雲堂

太田北水（貞吉）（1905）『支那語官話編』北上屋

粕谷元（1905）『日清会話』文星堂

金島苔水（1905）『日清会話語言類集』松雲堂

川辺紫石（1905）『支那語学案内：日英対照官話指南』一二三館

小路真平 , 茂木一郎（1905）『北京官話常言用例』文求堂

信原継雄（1905）『清語文典』青木嵩山堂

松 雲程 , 服部邦久（1905）『日清語入門：較対無訛　続』田中慶太朗

張 毓霊 , 宮沢文次郎（1905）『官話速成篇（東亜同文叢書；第 1 編）』東亜堂

張 廷彦 , 田中慶太郎（1905）『官話文法』救堂書屋

東方語学校（1905）『清語読本　後編』金港堂

原口新吉（1905）『初歩支那語独修書　上』広報社

馬 紹蘭 , 足立忠八郎（1905）『通訳必携：北京官話』金刺芳流堂

馬 紹蘭 , 杉房之助 , 謝 介石（1905）『日清語学金針：注釈』日清語学会

三原好太郎（1905）『新編支那語独修』岡崎屋

楊 学泗（1905）『初歩清語教科書』松雲堂

甲斐靖（1906）『日清会話捷径：北京官話』弘成館

清語学堂速成科編（1906）『清語正規』文求堂

瀬上恕治（1906）『北京官話万物声音：附・感投詞及発音須知』市山重作

西島良爾（1906）『最新清語捷径』青木嵩山堂

西島良爾（1906）『新編清語教程』石塚猪男蔵

原口新吉（1906）『初歩支那語独修書　下』広報社

馮 世傑 , 市野常三郎 , 高木常次郎（1906）『北京官話家言類集』積善館

馮 世傑 , 野村幸太郎（1906）『清国風俗会話篇：北京官話』文求堂

文求堂編集局編（1906）『清国民俗土産問答：北京官話』文求堂

山崎久太郎（1906）『清語新会話』青木嵩山堂

金 国璞（1907）『虎頭蛇尾：北京官話』北京日本人清語同学会

瀬上恕治（1907）『官話問答新篇：日文対照』東亜公司

伴直之助（1907）『華語跬歩総訳　改訂』裕隣館

渡俊治（1907）『官話応酬新篇』文求堂

石山福治（1908）『支那語文法』文求堂

皆川秀孝（1908）『支那語動詞形容詞用法』文求堂

寺田由衛（1909）『支那語要解』寺田由衛

李 文権（1910）『二十世紀清語読本』文求堂

張 廷彦（1911）『中外蒙求：北京官話』文求堂

宮 錦舒（1912）『支那語文典：最新言文一致』文求堂書店

大橋末彦訳（1917）『官話急就篇詳訳』文英堂書店

張 廷彦（1919）『新華言集：普通官話』文求堂书店

西島良爾（1932）『日支会話独修』近代文芸社

〈日本語学習書〉

松本亀次郎（1904）『言文対照漢訳日本文典』中外図書局明

松本亀次郎（1914）『漢訳日本語会話教科書』光栄館書店

〈参考文献〉

〈凡例〉

・日本語文献、中国語文献、英語文献を分別し配列する。
・日本語著書は著者の姓名の五十音順に配列し、中国語著書と西欧著書は著者姓名の ABC 順に配列する。
・中国語著書の著者姓名に使用する中国語漢字と日本語漢字の表記が異なる場合、（　）に日本語漢字表記を示す。

〈日本語文献〉

安達太郎 (2002)「意志・勧誘のモダリティ」『新日本語文法選書４モダリティ』くろしお出版

安藤彦太郎（1957）「日本の中国語研究」　中国語学研究会編『中国語研究史』江南書院　pp.15-19

石田卓生（2013）「東亜同文書院使用以前の御幡雅文『華語跬歩』について」『同文書院記念報』第 21 巻　愛知大学東亜同文書院大学記念センター　pp.121-132

伊地知善継（2002）『中国語辞典』白水社

板垣友子（2015）「官話教科書の日本語訳に関する考察―宮島大八の教本を中心に―」『日中語彙研究』第５号 愛知大学中日大辞典編纂所　pp.1-23

市村太郎（2015）「雑誌『太陽』『明六雑誌』における程度副詞の使用状況と文体的傾向」『日本語の研究』第 11 巻２号　日本語学会　pp.33-49

市村太郎（2016）「近世・近代における程度副詞・強意副詞の研究」早稲田大学博士論文

井上雅二（1910）『巨人荒尾精』　佐久良書房

植田晃次（2014）「金島苔水とその著書－日本近代朝鮮語教育史の視点から見た商業出版物としての朝鮮語学習書－」『日本語言文化研究』第３輯　延辺大学出版社　pp.63-72

内田慶市（2017）『北京官話全編の研究』好文出版

内田慶市・氷野歩・宋 桔（2015）『語言自邇集の研究』好文出版

内田慶市・氷野善寛（2016）『官話指南の書誌的研究』好文出版

王 雪（2016）「北京官話教科書『清語会話案内』の成立過程及びその言語の一考察」14『東アジア研究』山口大学大学院東アジア研究科　pp.91-108

王 其莉（2016）『判断のモダリティに関する日中対照研究』　ひつじ書房

大江元貴（2015）「中国語の可能形式"能""会""可以"―「可能」概念を構成する力に着目した分析―」『文藝言語研究．言語篇』67　筑波大学大学院人文社会科学研究科 文芸・言語専攻　pp.41-67

川口榮一（1980）「「能願動詞」について」『京都外国語大学研究論叢』21

木村明史（2021）「日清貿易研究所の研究」北九州市立大学博士論文

Christine LAMARRE（2017）「中国語の移動表現」松本曜編『移動表現の類型論』シリーズ言語対照第7巻　くろしお出版　pp.95-128

工藤浩（1983）「程度副詞をめぐって」渡辺実編『副用語の研究』明治書院

高 沁雨（2020）「無意志的使役表現について―中国語訳文との対照を中心に―」『対照的手法に基づく日本語研究』千葉大学大学院人文公共学府　研究プロジェクト報告書第360　pp.22-36

黄 利斌（2013）「ヴォイスに関する日中対照研究 ―受身・使役を中心として―」岩大語文18　岩手大学語文学会　pp.42-50

香坂順一（1989）『文法からの中国語入門』光生館

黄 麗華（1995）「中国語の可能表現「能」「会」「可以」」『日本語研究』15　首都大学東京　pp.78-87

呉 志寧（2015）『日中両言語における可能表現に関する対照研究：日本語教育における可能表現のあり方について』白百合女子大学博士論文

小嶋美由紀（2019）「中国語主体移動表現の様相―ビデオクリップの口述データに基づいて―」森雄一・西村義樹・長谷川明香編『認知言語学を拓く』くろしお出版　pp.91-116

呉 念聖（2000）「中国語の移動表現」『法政大学教養部紀要．外国語学・外国文学編』111巻　pp.167-179

時 衛国（2009）『中国語と日本語における程度副詞の対照研究』風間書房

常 衛邦（2022）「明治・大正期の中国語教科書における可能表現」岡山大学博士論文

商務印書館・小学館共同編集（2016）『中日辞典第3版』小学館

杉村博文（1994）『中国語文法教室』大修館書店

蘇 紅（2010）『しっかり学ぶ中国語文法』ベル出版

園田博文（2018）「中国語会話書における二重否定形式当為表現「ネバナラヌ類」とその周辺―明治以降昭和20年までの資料を中心に―」『近代語研究』20　武蔵野書院

園田博文（2017）「『官話急就篇』『急就篇』訳述書4種の日本語―近代日本語資料としての性質と活用法について―」『山形大学紀要〈教育科学〉』第16巻　第4号　山形大学　pp.55-68

園田博文（2021）『台湾の日本語教科書と中国語会話書の研究：昭和20年まで』武蔵野書院

孫 樹喬（2014）「意志表現をめぐる日中対照研究　神戸市外国語大学博士論文

孫 樹喬（2018）「意志のモダリティを表す「会」の意味機能」『文学部論集』第102号　佛教大学文学部　pp.27-43

孫 樹喬（2021）「日中対照から見る未来について語る表現："会"を中心として」『コミュニカーレ』10号　同志社大学グローバル・コミュニケーション学会　pp.21-47

孫 雲偉（2020）「明治期北京官話教科書『官話指南』及び学習補助教科書の総合研究」　大東文化大学博士論文

大東文化大学中国語大辞典編纂室（1994）『中国語大辞典』角川書店

高橋弥守彦（2013）「中国語の使役表現について」『外国語学研究』第14号　大東文化大学大学院外国語学研究科　pp.1-14

高橋弥守彦（2017）『中日対照言語学概論―その発想と表現―』日本僑報社

竹島金吾・賈 鳳池（1975）『中国語作文－その基本と上達法－』金星堂

田中茂範（1997）「空間表現の意味・機能」『空間と移動の表現』中右実編日英語比較選書⑥　研究者 pp.2-119

田中章夫（1999）『日本語の位相と位相差』明治書院

張　照旭（2014）「明治期中国語教科書における中国語カナ表記についての研究」岡山大学博士論文

陳　建明（2011）「日本語と中国語の比較に関わる程度副詞の対照研究：「程度増加型」副詞を中心に」大阪府立大学博士論文

唐　先容・加藤久雄（2003）「中国語・日本語パラレルコーパスを用いた小さな程度を表す副詞に関する考察」『奈良教育大学紀要．・人文・社会科学』52（1）　奈良教育大学　pp.1-16

鳥井克之（2008）『中国語教学（教育・学習）文法辞典』東方書店

永倉百合子・山田敏弘（2011）『日本語から考える！中国語の表現』白水社

中尾比早子（2003）「明治・大正期における程度副詞「非常に」について」田島毓堂・丹羽一彌編『名古屋・ことばのつどい言語化学論集』名古屋大学大学院文学研究科　pp.127-138

成戸浩嗣（2016）「日中対照研究方法論（2）―"给・N+V"表現とそれに対応する日本語使役表現、受益表現（上）―」現代マネジメント学部紀要　第5巻第1号　愛知学泉大学学部紀要　pp.27-40

仁田義雄（1991）『日本語のモダリティと人称』ひつじ書房

日本国語大辞典　第二版編集委員会編（2000~2002）『日本国語大辞典　第二版』小学館

飛田良文・浅田秀子（2018）『現代副詞用法辞典新装版』東京堂出版

氷野善寛（2010）「『官話指南』の多様性―中国語教材から国語教材」『東アジア文化交渉研究』第3号　関西大学文化交渉学教育研究拠点　pp.237-259

古市友子（2013）「近代日本における中国語教育に関する総合研究 ―宮島大八の中国語教育を中心に―」大東文化大学博士論文

北京・商務印書館、小学館編（2016）『中日辞典第3版』小学館

保科孝一（1911）『日本口語法』　同文館

彭　飛（1990）「日本語の『ちょっと』からみた日本人の言語習慣をめぐって」『日本人の言語習慣に関する研究』　和泉書院

鱒澤彰夫（2018）「新しい時期區分による 明治以降中國語教育史の研究」早稲田大学博士論文

松井栄一（1977）「近代口語文における程度副詞の消長―程度の甚だしさを表す場合―」松村明教授還暦記念会編『松村明教授還暦記念国語学と国語史』明治書院

松本昂大（2016）「古代語の移動動詞と「起点」「経路」―今昔物語集の「より」「を」―」『日本語の研究』第 12 巻 4 号　日本語学会 pp.86 -102

松本曜（1997）「空間移動の言語表現とその拡張」『空間と移動の表現』中右実編日英語比較選書⑥研究者　pp.126-229

松本曜（2017a）「移動表現の類型に関する課題」松本曜編『移動表現の類型論』シリーズ言語対照第 7 巻　くろしお出版　pp.1-24

松本曜（2017b）「日本語における移動事象表現のタイプと経路の表現」松本曜編『移動表現の類型論』シリーズ言語対照第 7 巻　くろしお出版 pp.247-273

丸尾誠（2005）『現代中国語の空間移動表現に関する研究』　白帝社

三宅登之（2010）「"了₁"と"了₂"の相違点とその認知的解釈」『中国語教育』第 8 号　中国語教育学会　pp.46-66

三井はるみ（2020）「条件表現の全国分布に見られる経年変化―認識的条件文の場合―」『國學院雑誌』第 121 巻第 2 号　國學院大學　pp.1-18

森田良行（1977）『基礎日本語：意味と使い方』角川書店

森山卓郎（1990）「意志のモダリティについて」『阪大日本語研究』2　大阪大学文学部日本学科（言語系）　pp.1-19

森山卓郎（1985）「程度副詞と動詞句」『京都教育大学国文学会誌』20　京都教育大学国文学会　pp.60-65

諸星美智直（2009）「John MacGowan "A manual of the Amoy colloquial" と三矢重松・辻清蔵訳述『台湾会話篇』」『国語研究』72　國學院大學国語研究会 pp.65-82

山岡政紀（2000）『日本語の述語と文機能』くろしお出版

山口明穂・秋本守英編（2001）『日本文法大辞典』　明治書院

山田正紀（1936）『江戸言葉の研究：浮世風呂,浮世床の語法』 普通教育研究会

楊 凱栄（1989）『日本語と中国語の使役表現に関する対照研究』くろしお出版

楊 凱栄（2008）「日中頻度副詞 " 総是 " と「いつも」の対照研究」『大東文化大学外国語学部創　設35周年記念論文集』 pp.321-338

羅 華（2021）「" 能 "" 会 "" 可以 " の教授法についての一考察」『APU 言語研究論叢』6巻　立命館アジア太平洋研究センター　pp.1-17

盧 驍（2019）「明治・大正期の日本における中国語口語文法の研究」関西大学博士論文

盧 驍（2019）「日本人の中国語「副詞」論に関する一考察—日本文典からの影響を中心に—」『東アジア文化交渉研究』第12号　関西大学文化交渉学教育研究拠点　pp.53-66

呂 叔湘（2003）『中国語文法用例辞典—《現代漢語八百語増訂本》日本語版』東方書店

六角恒廣（1961）『近代日本の中国語教育』播磨書房

六角恒廣（1989）『中国語教育史論考』不二出版

六角恒廣（2001）『中国語関係書書目（増補版）』 不二出版

鷲尾龍一・三原健一（1997）『ヴォイスとアスペクト』（日英語比較選書７）研究社

〈中国語文献〉

蔡 进宝（蔡 進宝）(2001)〈浅谈汉语兼语句的几种日译处理方式〉《日语知识》日语知识杂志社 2001年8期

冯 莉（馮 莉）(2016)〈" 使 " 字兼语句及其日译情况分析〉黄冈师范学院　短篇小说 2016年20期

郝 洪涛（郝 洪涛）,马 世博（馬 世博）(2019)〈认知视角下兼语句研究〉《肇庆学院学报》Vol40.No.6

侯 瑞芬（2009）〈从力量与障碍看现代汉语情态动词 " 可以 "" 能 "" 会 "〉北

京大学汉语语言　学研究中心《语言学论丛》第四十辑

黄　伯荣（黄　伯栄），廖　序东（廖　序東）(1997)《现代汉语》北京高等教育出版社

黎　锦熙（黎　錦熙）(1924)《新著国语文法》商务印书馆［大阪外国語学校大陸御研究所訳（1943)『黎氏支那語文法』大阪：甲文堂書店］

刘　勋宁（劉　勳寧）(2010)〈一个"了"的教学方案〉《中国语教育》第八号

刘　杨可心（劉　楊可心）(2018)〈现代汉语兼语句研究综述〉《襄阳职业技术学院学报》Vol17.No.3

刘　月华（劉　月華）(1998)《趋向补语通释》北京：北京语言文化大学出版社

鲁　晓琨（魯　晓琨）(2004)《现代汉语基本助动词语义研究》中国社会科学出版社

吕　叔湘（呂　叔湘）(2008)《现代汉语八百词（增订本）》商务印书馆

孟　子敏 (2007)〈从"了1"、"了2"で的分布看口语和书面语的分野〉松山大学言語・情報センター叢書　第4巻《漢語書面語の通時的・共時的研究》松山大学総合研究所

孟　子敏 (2008)〈"了1"、"了2"在不同语体中的分布〉《现代汉语虚词研究与对外汉语教学》复旦大学出版社

潘　红娅（潘　紅娅）(2008)〈日语的使役表达与汉语兼语句〉《长沙铁道学院学报》2008第9卷第3期

王　力 (1954)《中国现代语法》中华书局

张　正立（張　正立）(1990)〈"使令动词"与"使役助动词"〉《日语学习与研究》1990年05期

周　小兵 (1995)〈论现代汉语的程度副词〉《中国语文》第2期

〈英語文献〉

Slobin, Dan Issac (2004) The Many Ways to Search for a Frog: Linguistic Typology and the Expression of Motion Events. In Sven Strömqvist & Ludo Verhoeven (Eds.) . *Relating events in narrative, Vol. 2. Typological and contextual perspectives*,pp.219–257. Lawrence Erlbaum

Associates Publishers.

Talmy, Leonard (2000) A Typology of Event Integration. Toward a Cognitive Semantics: *Typology and Process in Concept Structuring*,pp.213-288. The MIT Press[高尾享幸訳 (2000)「イベント統合の類型論 Leonard Talmy」坂原茂編『認知言語学の発展』ひつじ書房 pp.347-451]

Wenlei Shi and Yicheng Wu (2014) Which way to move: The evolution of motion expressions in Chinese.*Linguistics* 52 (5) , pp.1237-1292

本論文初出一覧

序　章：「近代日本の中国語教育と中国語教育関連書籍に関する一考察—明治期を中心に—」『國學院大學大学院文学研究科論集』第51号　2024年3月31日発行

第1章：「近代中国語会話書『清語会話案内』における能願動詞」『國學院大學大学院紀要』第54輯　2023年2月28日発行

第2章：「近代中国語会話書『清語会話案内』における兼語文」『國學院大學大学院文学研究科論集』第50号　2023年3月31日発行

第3章：「近代中国語会話書『清語会話案内』における"了"について」『国学院大学日本語教育研究』第14号　2023年3月31日発行

第4章：「明治期の中国語関係書における"会"について」『東アジア文化研究』第9号　2023年9月29日発行

第5章：「近代中国語会話書における程度副詞の日中対照研究—明治後期を中心に—」『論究日本近代語』第3集　2024年4月30日発行

第6章：「近代日本の中国語関係書とその和訳書における程度表現」「中国語教育学会2023年度第3回研究会」発表原稿　2024年2月24日オンラインにて口頭発表

第7章：「近代中国語関係書における主体移動表現の日中対照研究」『言語資源ワークショップ2023発表論文集』　2023年11月24日オンラインにて公開

第8章：書き下ろし

終　章：書き下ろし

謝　辞

　本研究は國學院大學博士論文出版助成の助成金を受けたものです。

　本研究の遂行にあたり、多くの方々にご指導ご鞭撻を賜りました。

　指導教官の國學院大學諸星美智直教授には終始多大なご指導を賜りました。ここに深謝の意を表します。

　同大学の菊地康人教授、並びに針谷壮一教授には、本論文の作成にあたり、副査として貴重なご助言を賜りました。感謝申し上げます。

　学術論文の投稿や学会発表の際には、多くの方々から貴重なご意見をいただきました。心から感謝いたします。

　本研究の出版にあたり、郵研社の登坂和雄社長並びにスタッフの皆様にご助力をいただきました。深く感謝いたします。

　また、修士課程で対照研究分野に導いてくださいました指導教官、東京学芸大学の岡智之教授に心より感謝申し上げます。それから、職に就いていながら博士後期課程を修了できるようサポートしていただきました職場の上長である瀧田崇氏にお礼申し上げます。

　最後に、この場を借りて、長年の学生生活を全面的にサポートしてくれた両親と姉に感謝の意を表したいと思います。私の勝手を許してくれて本当にありがとうございました。

　博士論文を作成するための4年間は貴重な財産となりました。この4年間で関わった全てのこと、全ての方に感謝の意を表します。ありがとうございます。

〈著者紹介〉

金　敬玲 （キン　ケイレイ）

中国出身、中国朝鮮族。1991 年 5 月 6 日生まれ。

遼寧大学（中国）外国語学院日本語学部卒業後来日する。東京学芸大学大学院教育学研究科国語教育専攻を修了後、國學院大學大学院文学研究科文学専攻に入学し、2024 年 3 月に博士（文学）学位を取得。

今は専門学校で留学生担当の業務に携わりながら、大学等の非常勤講師を務める。

論文に「「水・液体に関する」オノマトペの音象徴研究―音の組み合わせの観点から―『國學院大學大学院紀要』第 52 輯)」、「近代中国語会話書『清語会話案内』における能願動詞(『國學院大學大学院紀要』第 54 輯)」、「近代中国語会話書『清語会話案内』における "了" について（『国学院大学日本語教育研究』第 14 号)」、「明治期の中国語関係書における "会"について（『東アジア文化研究』第 9 号)」、「近代日本の中国語会話書における程度副詞の日中対照研究―明治後期を中心に―（『論究日本近代語』第 3 集)」等がある。

近代中国語会話書の日中対照研究

2024 年 11 月 26 日　初版発行

著　者　金　敬玲 ⓒ KIN KEIREI

発行者　登坂　和雄

発行所　株式会社　郵研社

〒 106-0041　東京都港区麻布台 3-4-11

電話（03）3584-0878　FAX（03）3584-0797

ホームページ http://www.yukensha.co.jp

印　刷　モリモト印刷株式会社

ISBN978-4-907126-72 -8　C3037　　　　字数　177,408

2024 Printed in Japan

乱丁・落丁本はお取り替えいたします。